人生最高のセックスに
出会いたい貴女へ

しみけんが教える56のルール

JN080604

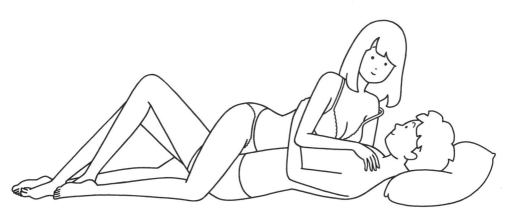

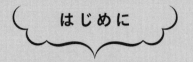

はじめに

どもです！ AV男優のしみけんです！

今回は「女性に読んでいただきたい性に関する本」を書かせていただきました。

性の悩みって誰に聞いていいか分からないし、聞いたとしても具体的でちゃんとした解決方法が返ってこず、うやむやになり、結局悩みは解決しないまま……になってしまいがちですよね。

巷にはたくさんのセックス本やセックス特集があり、ネットにもいろんな情報が玉石混交していて何が本当かも分かりませんし、問題解決の具体的な答えも書いていなかったりします。

僕は18歳でAV男優になってから22年間、出演本数も経験人数も1万を超え、毎日セックスのことを考えて生きています。「なんだよ、ただのエロ好きなだけじゃん！」と思われるでしょう。そのとおりです。ただのエロ好きです（笑）。

なのですが、エロのことを毎日考えているうちに「あれ？ コレをすると勃ちがいいぞ」とか「ん？ 前にも何か似た経験があるぞ」とか「このお尻の形の人は名器が多いぞ」等々、エロにも法則性があることに気づき、メモを取るようになりました。（ちなみに初めてのメモは〝ふくよかな女性のマン汁は酸っぱい？〟でした）

またAV男優という職業柄、「性についていろいろ話したい！」というたくさんの職業の方たちから、たくさんの意見を聞く機会に恵まれてきました。

その意見を僕のメモと照らし合わせつつ、揉んで・吐き出して・また意見を聞いて、、、を繰り返し「解決できなかった悩みが少しでも解決に向かうように」との思いででき上がったのがこの本です。

そこで僕が声を大にして言いたいのが「論文とかエビデンス(科学的根拠)ってそんなに大事なんですか?」。
人間って科学や客観性では説明しきれないものをたくさん抱えているから、悩んでしまうのではないのでしょうか。科学以上に「気持ちの持ち方で幸せに近づくこと」もたくさんあるのではないでしょうか。ただ統計が取られていないだけ、ということもたくさんあると思います。論文やエビデンスも大事だけど、僕は個人的な感覚も大事にしていきたいんです。

だから僕は世界の中心でこう叫びたい。
「セックスは机の上でしてるんじゃない。ベッドの上でしているんだ!」と。
(あ! 誤解されるかもしれないので一応お伝えしておきますが、僕の考えが全ての人に当てはまるとはみじんも思っておりませんからね!)

僕の経験則から紡ぎ出した、自信を持って言える答え。この本には「僕の本気」が詰め込まれています。

皆さんの性やセックスに関する悩み、疑問・質問が少しでも解決できたり気持ちが軽くなれば、これ以上幸せなことはありません。
それでは悩み解決への第一歩を踏み出しましょう!

しみけん

CONTENTS

Chapter.1

感じやすいカラダを作る

どうしたらイケるの？

　僕のところに来る女性の悩み相談で、「もっとも」と言っていいほどに寄せられるのが「イク」についての悩みです。その中でも大きく2つに分けられます。

　1つは「イッたことがありません。どうやったらイケますか？」

　2つめは「オナニーではイクのに、セックスではイケません。どうしたらイケますか？」

です。

　2つめの「セックスではイケません」は、"中イキ"のことを示しているのですが、中イキにも2つのイキ方があることを知っている人は少ないようです。

　挿入してペニスでGスポットを刺激してイクのは"クリトリスイキ"と同じで、奥のポルチオ（子宮頚部の一部。子宮口の出口付近にある性感帯）をグリグリしてイクのが"中イキ"です。とは言っても全員が全員イケるわけではなく、中イキできるのは10人中1〜2人。また、経産婦さんは中イキしやすくなるそうです。

　両方でイケる人に「クリイキと中イキ、どっちが好き？」と聞くと、「どっちにも良さがある」とのことで選ぶのが難しいようです。なので、中イキが最上級イキというわけではなさそうですが、好奇心からか中イキに憧れる女性は多いです。

　また、イッたときの感覚についても「イクーッ！」とジェットコースターみたいなイキ方をすると思っている女性も多いです。でも、実際にそんなイキ方をする人は少数派で、小刻みにイク人もいれば、ぼんやりと地味にイク人もいます。イキ方は人それぞれです。

　地味にイク人は、自分でイッたことにさえ気づかない場合もあります。イッたかどうかを判別するのは簡単で、事後に自分の気持ちがスッキリしていればイッたと思っていいでしょう。

　ここまで読んでみて「それでも中イキに憧れる！」「やっぱり私はイッてないかも」という方は、次の項目をチェックしてみてください。当てはまるもの、ありますか？　全部当てはまるという人もまったく当てはまらないという人も大丈夫。どうすればイキやすいカラダを作れるのか、この章で勉強しましょう！

＼＼ イキにくい女性の特徴は？ ／／

□オナニーをしていない

≫ P.10を読んで解決！

□考えすぎてしまう
□カラダが硬い

≫ P.12を読んで解決！

□イクの大敵"3不足"！
　運動不足・水分不足・寝不足

≫ 運動不足はP.14〜21を読んで解決！

≫ 水分不足はP.22を読んで解決！

≫ 寝不足はP.24を読んで解決！

オナニーは"イク"の予行練習

　セックスは学習です。なので、イッたことのない人やセックスでイキたい人は、相手ばかりに委ねるのではなく、自分自身も日頃から感じる部位を探る／知ることがとても大切です。

　カギとなるのは「探求心」。どこを触られると気持ちいいのか？どう触られると感じるのか？　イキやすそうな部位はどこなのか？自分のカラダをすみずみまで触って、確かめてみましょう。

　そこで一番いいのがオナニーです。恥ずかしい、空しくなるなどとネガティブに捉えている女性もいますが、オナニーとは「セックス神経を研ぎ澄ますことで、イキやすいカラダを作る」トレーニング。ふだんやらない人でも、勇気を持ってやってみましょう！

　イッたこともないしオナニーもまったくしたことがないという女性は、文字よりも動画、動きを見てみると分かりやすいです。AVで「あっ、この女優さんいいな」と思う人がいたら、その人の作品を観てみたり、「女性　オナニー　動画」などで検索してみてください。文字だけだと分かりにくいですもんね。

　体勢は特にこだわりがなければ、イスに浅く腰かけてするのが良いと思います。理由は「正常位の体勢に似ているから」です。脚ピンオナニーでもいいのですが、いざセックスでイこうとしたときに、脚ピンしないとイケなくなってしまいます。

　オナニーでイク感覚を覚え、腟の中の神経トレーニングをしたら、セックス中、相手に「そこをもっとして」「もう少し上をして」などと伝えたり、自分でクリトリスをいじったりして、自分から寄せていく努力が必要です。

　セックスは1人でしているのではなく、2人でするもの。イキたいのならパートナーに委ねるのではなく、自分からもイクための行動をしましょう！

クリトリスだけではなく中も愛撫して自分を知り、開発していきましょう。

オナニーで自分の気持ちいいポイントを見つけることが、いいセックスにつながります。

頭も股関節も
柔らかいほうがイキやすい

　セックスでイクには、頭とカラダの柔軟性がとても大事！　読者さんで「私は真面目に生きてきた」と感じる人は、ぜひこの本を最後まで読んでください。セックスに対する意識が変わり、頭が自然と柔らかくなっていると思います。

　カラダが硬い場合は、少し努力が必要です。特に大事なのは股関節。股関節の柔らかさとセックスの感度は比例します。あぐらをかいたとき、脚がスムーズに開きますか？　上手く開脚できない人は、股関節が硬い証拠。

　カラダが硬い自覚がある人は、柔軟体操をして改善しましょう。入浴後に行ってもいいですが、ヨガ教室やジムに通えれば言うことなし。運動すると「脳とカラダと神経がつながる」ので、自然とイキやすくなるんです。なので、運動している人はイキやすいですし、それゆえエッチなことに積極的。

　それだけではありません。処女の人は、股関節を柔らかくしておくことで、初セックスのときの痛みが和らぎます。男性にとっても股関節の柔軟性は重要で、血行が良くなって勃起力がアップします。

　運動不足を仕事や家事のせいにしてはいけません。１日１分で良いので、今日からカラダを動かすクセをつけて、イキやすいカラダを手に入れましょう！

あぐらをかいたとき、脚が
不自然に浮いてしまう人は
改善が必要。

脚を無理なく開けるところまで
開いて、ゆっくりと上半身を前
に倒す。頭ではなく腰から倒し
ていくイメージで。

イキやすくなる体操①
うんこ座り

　筋トレと聞くと、「またか……」「ハードそう」「面倒くさい」と感じる人も多いことは知っています。なので、うんこ座りをするだけでいいです！　もうこれは大サービス(笑)！

　やり方は、(1)かかと重心でひざがつま先より前に出ないように(2)斜め上を見ながら、がに股になってしゃがむ。(3)立ち上がるときは内股にならないよう、かかと重心で立ち上がる。これでOK！　簡単でしょ？

　両腕は前方で軽く組むのが基本ですが、しゃがむときに体勢が不安定になる場合は、前に伸ばしてバランスを取ってもかまいません。

　たった1回じゃ意味がないと思うかもしれませんが、大切なのは回数よりも続けること。それに、1回やることで作業興奮(面倒くさい掃除も、し始めたらとことんやっちゃうアレ)が起きて、何回もやろうという気になるかもしれませんよね。

　なので、僕は運動不足の女性に会うと、うんこ座りを薦めています。

　継続は力なり。あなたも1日1回のうんこ座りから、人生を変えてみましょう！

うんこ座りの基本姿勢。

両手を組んだ体勢だとぐらつく場合は、腕を前方に伸ばしてバランスを取ってもOK。

脚を肩幅くらいに開き、かかとをつけたまま、がに股でしゃがむ。重心をかかとにかけるのがポイント。

かかと重心のまま、手を使わずにゆっくりと立ち上がる。以降はしゃがむ→立ち上がるを繰り返します。

※自重（自分の体重）で鍛えるぶんには、脚が太くなったりしないので安心してください。

イキやすくなる体操②
ふくらはぎを上下に動かす

「下半身の血流が悪くてカラダが冷える」「午後になると脚がむくんで辛い」女性のこういう声をよく聞きます。

それを解消するのがこちら。第2の心臓と言われるふくらはぎの筋肉を動かすことで、下半身の血流をアップさせることができます。

では実践です。壁の前に台になるものを置いて、両脚のつま先だけを乗せる。そのまま片手を壁や柱につき、ひざを伸ばした状態でかかとを深く下ろす。続いて、ひざを伸ばしたまま、つま先立ちをするようにかかとを上げていく。このとき、足首の動きだけでカラダを真上に持ち上げるのがポイントです。

台を用意するのが面倒なら、玄関の上がりかまちや階段など、小さな段差のある場所を利用してもかまいません。何より大事なのは実行することです。

ふくらはぎを鍛えれば、下半身だけでなく全身の血流も良くなり、足先の冷えも改善。ふくらはぎを引き締める効果もアリ、と良いことずくめ。段差がなければ、平坦なところでも良いので、今日から実践してみてください！　僕もエレベーター待ちのときによくやっています。

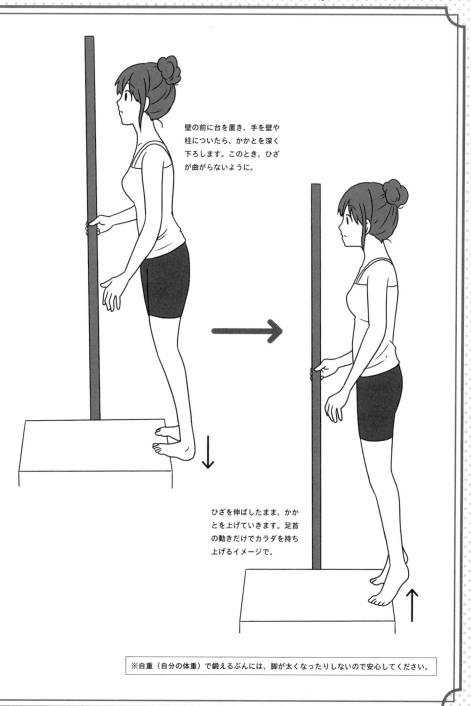

壁の前に台を置き、手を壁や
柱についたら、かかとを深く
下ろします。このとき、ひざ
が曲がらないように。

ひざを伸ばしたまま、かか
とを上げていきます。足首
の動きだけでカラダを持ち
上げるイメージで。

※自重（自分の体重）で鍛えるぶんには、脚が太くなったりしないので安心してください。

イキやすくなる体操③
閉じようとする脚を手で開く

運動不足やデスクワークで股関節が硬くなっている人に、ぜひ実行してほしいのがこのトレーニング。ここの筋肉、とても大事なのにふだんの生活ではほとんど動かさないんです。太ももの内側にある内転筋群を鍛えることで、脚を閉じたり、股関節を曲げ伸ばす動作がスムーズになります。

トレーニングはイスに座って行います。まず両脚を開いて、左右のひざの内側に同じ側の手をあてて、腕の力で脚を開いていく。両脚を腕の力に抵抗するように閉じていき、そこからまた腕の力で脚を開いていく。この動作を繰り返します。

ポイントは、両脚につねに力を入れ続けること。これで内転筋をしっかりと鍛えられます。ボールを挟んで閉じる動きは、開くときに負荷がかからないので×。

座ったままで行うので、家でテレビを観ているときなど、ちょっとした時間にやってみてはいかがでしょうか。

ちなみに太ももの内側の筋肉には、股間への血流を促す役割もあります。男性の勃起力アップにもつながるので、パートナーにそれとなく薦めてみるのもアリでしょう(笑)。

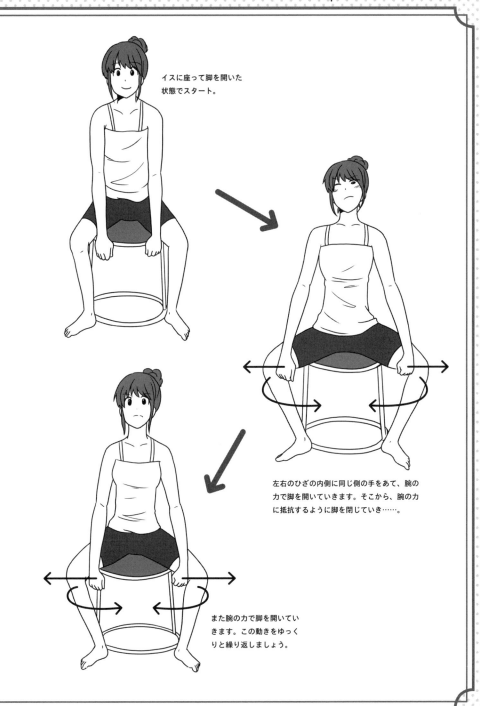

イスに座って脚を開いた
状態でスタート。

左右のひざの内側に同じ側の手をあて、腕の
力で脚を開いていきます。そこから、腕の力
に抵抗するように脚を閉じていき……。

また腕の力で脚を開いてい
きます。この動きをゆっく
りと繰り返しましょう。

イキやすくなる体操④
腕を上げる

　下半身ばかりを動かしては、バランスが悪いですよね。ということで、最後は上半身に効く体操を紹介します。

　それは……「腕を上げる」という、とてもシンプルなもの。

　脚を肩幅と同じくらいに開いて立ち、両手を軽くグーの形に握ります。手のひらが正面を向く形で両腕を上げ、両ひじを開いたまま、肩のあたりまで下ろします。

　続いて、手のひらを正面に向けたまま、両腕をバンザイするように頭の上へ振り上げます。このように両腕をサイドから上へ振り上げる動きを何回か、同じくらいのテンポで繰り返してください。ふだん、腕を肩より上に上げる動作って、電車で吊り革につかまるか、タクシーを拾うときくらいしかやらなくないですか？　なので、肩や肩甲骨まわりは硬くなりやすいんです。

　この体操を習慣にすると、肩や肩甲骨まわりの血行が良くなり、肩こりや冷え症の改善が期待できます。また男性ホルモンレセプターの多い僧帽筋を動かすことは、性欲にも良い効果をもたらすかもしれません。冷え症、こり症の女性はイキにくいので、4つのイキやすくなる体操で改善しましょう！

脚を軽く開いて立ち、こぶしを軽く握って、手のひらを前に向けて両ひじを開きます。そのまま、両ひじを肩のあたりまで下ろし……。

バンザイをするように、両腕を頭の上へ振り上げます。そこから両腕を下ろし、ふたたびバンザイ。この動きを繰り返します。

21

水分補給はたっぷりと

　イキやすい女性の共通点のひとつが、「水分をよく摂っている」です。あなたは１日にどれくらい水分を摂っていますか？　本気でイキやすいカラダを目指したり、セックスを楽しみたいなら、１日３リットルは摂りたいところ。多すぎると思うかもしれませんが、意識していれば無理な量ではありません。とある女優さんもTVで１日３リットル摂っていると言っており、内側からもみずみずしくさせるためとのこと。また、水をこまめに摂るとやせます。水で冷えたカラダを温めようと、脂肪が燃えるからです。こまめな水分補給で１日３リットルを習慣にすることを心がけましょう。

　量だけでなく、何を飲むかも大事です。「健康のためにお茶を飲んでます」と言う女性は多いですが、これは×。お茶にカフェインが含まれている場合は、利尿作用があるので水分補給になりません。カフェイン入りの飲み物（緑茶、コーヒー、エナジードリンクなど）を飲んだら、同じ量の「追い水」を摂りましょう。

　では何を飲めばいいのか？　オススメはスポーツドリンクをお湯で割ったものです。白湯でも良いでしょう。

　たっぷり水分を摂ると、体内の水分量が上がり、肌や唇も潤ってきます。唾液量も増えて、キスの気持ち良さもアップ、濡れやすくなることも期待でき、感度もアップ。ぜひ実践してみてください。

カフェイン入りの飲み物は、利尿作用があるので、飲んだら「追い水」を摂りましょう。お茶やコーヒーが飲みたいときは、ノンカフェインのものを選ぶのも手。

スポーツドリンクをお湯で割ったものは、糖分の摂りすぎを予防し、カラダもあったまるのでオススメ。代わりに白湯でも。

ショートスリーパーはイキにくい

　スマホに夢中になって、つい夜ふかししてしまう……というあなた！　寝不足は性欲減退に直結します！　どんなに忙しくても睡眠時間はしっかりキープしましょう。

　これは男女ともに言えること。僕も勃起力を維持するために一番気をつけているのが、睡眠時間。

　自分に合った睡眠時間は人それぞれですが、4時間睡眠がベストだという人はイキにくい傾向にあります。5時間、6時間もイキにくい。僕の体感では、7時間以上の睡眠をとる女性はイキやすいです。

　イキやすいカラダ、感じやすいカラダになるには、質のいい睡眠が欠かせません。ちゃんと寝たはずなのにだるい、疲れが残る、という人は、寝る時間や食生活、明るい場所で寝ていないか、音のする所で寝ていないか、悩み事がないか、枕やベッドマットなど、多方面から見直してみましょう。

　僕のまわりで「マットレスを良いものに変えたら、セックスも良くなった」という体験談もあります。またセックスの相性は、パートナーとの相性に加えてベッドマットとの相性も関係あることを知っておいてください。ちょっと値が張っても、そこは明るい未来への先行投資。思いきって買い換えてみてはいかがでしょうか。

寝不足はセックスの大
敵。できれば7時間以上
は寝ましょう。

枕やマットレスが合っていない
と、知らずに睡眠の質が落ちて
いる可能性も。「よく寝てもだ
るい」と感じる人は、寝具店や
専門店に相談してみましょう。

イキやすいカラダを作る食事

　締まりのいい腟、俗に言う名器とは、腟壁がペニスを包み込むようにフィットする腟のことを言います。もし特定の食べ物を摂ることで名器が作れるとしたら……「今日から食べてみようかな」という気持ちになりますよね(笑)。

　名器を作る食べ物は、アボカド・クルミ・青魚の3種類。どれもカラダにいい油を含んでいて、腟内をふくよかに保ちます。これらを食べつつ水分をしっかり摂り、股関節の柔軟体操をすることで、締まりが良く、濡れやすい腟を手に入れられます。

　甘いものを食べるなら、ぜひアーモンドチョコを。カカオのフェネチルアミンは脳内の快楽物質を分泌します。さらにアーモンドは不胞和脂肪酸のリノレン酸やリノール酸がセックスミネラルと呼ばれる亜鉛を含んでいて、健康な精子を作ったり排卵障害を予防したりする効果も。なので、パートナーにもぜひ薦めてあげましょう。

　ちなみに、体脂肪が17%以下の女性は腟の脂肪も少なく、スカスカになる傾向があります。ここで紹介した食べ物を摂って、ふっくらとして締まりのいい腟を目指しましょう。

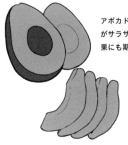

アボカド：オレイン酸で血液
がサラサラに。便秘解消の効
果にも期待できる。

青魚：必須脂肪酸である EPA が血液をサ
ラサラに。血管年齢を若く保つ効果も。

クルミ：α リノレン酸で血管年齢
が若返り、アンチエイジング効果
に期待できる。食物繊維も豊富。

お菓子を食べるなら、アーモンド
チョコがオススメ。セックスに効く
うえ、満足感も高いのが嬉しい。

カラダがあったまると
イキやすくなる

　「私、冷え症なんだよね」「私も～」……と冷え症を嘆く女性は多いですが、悲しいことに冷え症の女性はイキにくいんです。イキやすいカラダになるための第一歩は、ふだんからカラダを温め、体質を改善すること。冷え症改善には代謝を上げること、うんこ座りなどの体操をして水分をよく摂ることです。

　デスクワークの方はイスに座ることにより、体重でお尻のお肉が圧迫され、脚の末端まで血流が行きづらくなっています。1時間に1回は立ち上がり、ふくらはぎの上下運動と腕を上げる運動をしましょう。

　食べ物もおでんなどの温かいものを。納豆や味噌、キムチなどの発酵食品、ヨーグルトなども良いでしょう。

　こうして見ると、「イク」というのは健康のバロメーターなのかもしれませんね。

「カラダが冷えている」「運動不
足」と感じたら、とりあえずう
んこ座りをしましょう。

膣トレで後天的名器を作ろう！

　最近、女性の間で「膣トレ」なるものが流行っています。「聞いたことはあるけど、実際に効果はあるの？」と疑問に感じている人もいるかもしれません。

　僕の経験上、膣トレには確かに効果があります。

　実は、膣をゆるめる／締める動きをするのは膣自体ではありません。骨盤の底にある骨盤底筋群が、膣を解放したり引き締めたりする動きをしています。つまり、膣トレ＝骨盤底筋群を鍛えるトレーニングというわけです。でもカン違いしていただきたくないのは、「膣の入り口を締める」のは男からしたら「痛いだけ」なんです。膣トレは膣の入り口を開閉する練習をするのではなく、膣に入ってきたペニスが良くフィットするように、動きを良くすることを目的としたトレーニングです。

　その方法として、一番簡単なのは「おしっこを出す→止める」を繰り返すこと。これは婦人科のお医者さんから聞いた方法です。病院で採尿するときに途中でおしっこを止める、あの要領ですね。動かすことで、ヒトは進化していくんです。

　逆に膣をあまり動かさずにいると尿道まわりが硬くなり、病気や手術で尿道カテーテルを入れるときになかなか入らなくなるそうなので、いざというときのためにも、ふだんから膣トレやオナニー、

セックスをしましょうよ！

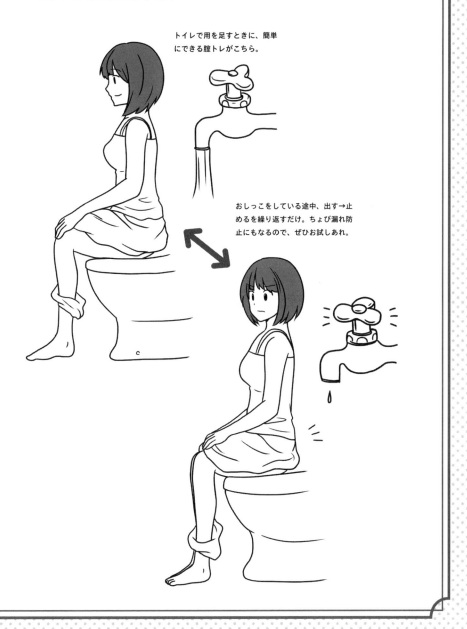

トイレで用を足すときに、簡単
にできる膣トレがこちら。

おしっこをしている途中、出す→止
めるを繰り返すだけ。ちょび漏れ防
止にもなるので、ぜひお試しあれ。

初めてセックスをするあなたへ

知ることで恐怖心は克服できる！

　初めてセックスをするとき、嬉しさや期待感が大きい人もいれば、「どうしよう、怖い」と恐怖心が先立ってしまう人もいるでしょう。なぜ怖いのか。それはあなたが "知らない世界" だからです。

　男性のペニスの形はどうなっているのか？　自分の腟はどういう形をしているのか。セックスとは何か。分からないから怖いという気持ちが生まれるんです。なので、分からないことはパートナーに聞いたり、医師や自分の名前をしっかり出して講演会をやっている人に聞くのが、一番納得できると思います。

「教えて」の姿勢が大切

　処女だから受け身でいい、言われたとおりにすればいい、と思っているあなた。処女であることに甘えていたら、ヒトとしての成長はありませんよ！

　大切なのは、2人で一緒にセックスをしたい、学びたいという気持ち。あなたが「教えてください」の姿勢で臨めば、彼氏も嬉しいはずです。

　以前に女性から「1回やってすごく痛かった。そんな私でも処女卒業と言えるのでしょうか」と質問されたことがありました。これは「言えません」。セックスの良さが分かったときが卒業なのです。

探求心と好奇心を持とう

　初めてのときは余裕がないと思いますが、探求心と好奇心を持とうと意識するだけで、感じ方が全然違ってきます。例えば体位。パートナーが望む体位でやってみて、その中で自分がいいと思うポイントを探っていく。バックだと腟の奥が痛いと感じるなら、どの角度なら大丈夫なのか、気持ちいいのかを探ったり、ふだんのオナニーで探っていくといいでしょう。

　そして、アファメーションをすることも大事です。これは「絶対気持ち良くなるぞ！」という具合に、自分自身にポジティブな宣言をすること。言葉の力は絶大です。自分の発した言葉が未来を作るんです。

嫌な気持ちは抑えなくていい

　どうしても自分のカラダやアソコを見せたくない、部屋の明かりを暗くしてほしい……というときは、ちゃんとパートナーに伝えるべきです。また、嫌な気持ちとやりたい気持ちがぶつかったときは、嫌な気持ちを尊重しましょう。そして、今は嫌な気持ちでも、それをいかにやりたい気持ちに変えるかがパートナーでもあったりします。意見をしっかり言い合える仲っていいですよね。

　女性がセックスを好きになるかどうかは男しだいなんです。セックスは素敵だ！　と思わせてくれる男と出会えたのならセックスが好きになり、逆もまたしかりです。

　セックスはコミュニケーション。自分の気持ちは素直に伝えましょう！（伝え方はP.36で解説）

Chapter.2

2人で気持ち良くなれる
秘密のテクニック

意思を伝えられるようになると、
セックスが何倍にも幸せになる

「今のセックスに満足できない」「セックスをいいと思ったことが ない」というあなた！　相手に何もかも任せていませんか？　前戯 も体位も全部相手の言いなりだったり、ただ受け身でいるだけに なっていませんか？

また、男女共によくあるのが、言わなくても分かってくれるだ ろうと勝手に思い込むパターン。何も伝えなければ、男性は「きっ と感じているはず」、女性は「これでいいのよね」とカン違いしてし まいます。「口に出すのは恥ずかしい」と思うのは分かります。パー トナーが意見を言いやすい環境を作ってあげることが一番ですが、 なかなかそうもいかないので、勇気を持ってポジティブな言葉で 相手に伝えましょう。「そこ違う」ではなく「もう少し上」とか、「痛 い！」ではなく「もう少し弱いほうが感じる！」などです。

どうしても言葉に出すのが難しければ、胸やクリトリスなど、 触ってほしいところに相手の手を導く、力が強かったら手で押さえ るなどして、さりげなく誘導しましょう。

女性から意思を伝えられれば、相手も「一緒に気持ちの交換をし てセックスしている感」がアップ！　それって男からしても、とて も嬉しいもの。そして、相手があなたの意思に答えてくれたら、「そ う、そこそのまま！」などと言ったり、笑顔で寄り添ったりして、

感謝の気持ちを伝えましょう。

> もう少し
> 弱いほうが
> 気持ちいいな

「こうしてほしい」と伝えることは、決して恥ずかしいことでは
ありません。何でも言い合える関係を築いていきましょう。

口に出すのが恥ずかしければ、触ってほ
しいところに相手の手を導くのも○。

15・45・90 の法則

　「人間の集中力は 15 分周期」という話を聞いたことはありませんか？　同じ作業に集中できるのは 15 分まで、ある程度集中できるのは 90 分まで。確かに僕も、学校の授業が 50 分で、45 分くらい経つ頃に時計を見ては「あと 5 分か」なんて思っていたものです。もちろんこれは、セックスにも当てはまります。

　どんなに相手と心を通い合わせることができた良いセックスでも、45 分を超えると集中力が途切れてきます。集中力が途切れるとどんなことが起きるかというと、女性は「疲れてきた」「腟内でホールドしたペニスを解放して、マンコぱかーん現象を引き起こす」「アソコがヒリヒリしてきた」などがあり、男性は「とりあえず挿入して腰を振っている状態」となり、「イキ待ち」になったり「中折れ」し始めたりします。なので、僕が仕事で女優さんと絡むときは、45 分以内に収めるように心がけています。たとえ「60 分の絡み」と言われても、最初の 15 分は会話や軽い前戯などで心のアップをし、残りの 45 分で物理的に責めていくようにしています。

　もちろん、プライベートなセックスで時間を厳密に計る必要はありません。「何となくセックスが間延びしている気がするな」と感じたら、この法則を思い出してみてください。

どんなに盛り上がったセックスでも、集中力が切れてしまったら「終わり悪ければ、なんとやら」。人によって集中力をキープできる時間は違いますが、45分を目安に。

触れる部分が多いほど
幸せ度もアップ！

　前戯やセックスの最中、手はどうしていますか？　何もしていな
かったりして、手持ちぶさたになっていませんか？

　女性はベッドシーツやまくらなどを握りがちですが、その手、
もったいないです！　シーツやまくらを握るのだったら、男性の胸、
腕、脚など、カラダのどこかしらを握って、触っていてください。
男性もしかりで、お互いに触れる面積が多いほど、気持ち良さや幸
福感が増します。よく「彼氏がなかなかできない」「遅漏で困ってい
ます」という声を聞きますが、この「触れる」という行為だけで改善
が見られます。本当に多いのが、風俗で働いている女性からの「触
れるようになってからお客様が早くイクようになり、カラダの負担
が減ったんです」という声。それくらい違うんです。

　また、触れるだけでも気持ちいいですが、さらに男性の性感帯を
責められるようになったら上級者。例えばフェラチオをしている最
中なら、空いた手で男性の乳首をいじる、会陰部（睾丸とアナルの
間にある、「蟻の戸渡り」と呼ばれる部位。P.56で詳しく解説）を優
しくなでさする……といった具合です。「男性は引きませんか？」な
んて心配する必要はゼロ！　「好きな相手に気持ち良くなってもら
いたい」と思う人は、自然とそうなるものです。

　受け手も責め手もこれを意識することで、セックスの快感は大幅

に増すでしょう。手足と舌、髪の毛や目線まで駆使して、触れる部分を増やしましょう。

NG例
触れる部分が少ないと、セックスの気持ち良さは半減してしまいます。

手を遊ばせず、相手のどこかしらに触れるように。脚を絡ませたり、キスしたりしても◎。

靴下をはいたままですると
感度アップ

　Chapter.1で触れたように、冷え症の女性はイキにくい傾向にあ
ります。特に日々デスクワークをしている女性は、お尻が圧迫され
ているので、足先まで血液が巡らず、どうしても冷えてしまいがち。

　ふだんから冷え予防にカラダを動かす、温かいものを飲む、適度
な室温を保つ、などを心がけるのは当然として、もうひとつとって
おきの裏ワザを教えましょう。

　それは、靴下をはいたままでセックスすること。足を温めること
で感度がアップし、イキやすくなるんです。なので、セックス前の
お風呂で湯舟につかる、マッサージして血行を良くするというのは、
理にかなっているんです。

　AV作品でも女優さんが靴下をはいたままで絡むことが多いので
すが、これには女優さんの足を守るという理由のほかに、反応が良
くなるからという理由もあります。

　簡単にできる感度アップ法。突然始まるかもしれないセックスの
ためにも、穴の開いた靴下は避けたいものです(笑)。

冷えてしまいがちな足を靴下で温めるだけで、感度がアップ。

"What"ではなく "Which"で聞く

　セックスの最中は、男性も女性も思考力が低下しています。なので、「フェラはどうすれば気持ちいい？」「(騎乗位で)どう動けばいい？」と "What" で尋ねても、「そのまま」とか「んー、分からない」とかはぐらかされて、求めているような答えは返ってきません。

　そんなときは "What" ではなく "Which" で聞いてみましょう。「どうすればいい？」ではなく、「こっちとこっち、どっちが好き？」とパートナーに選択肢を与えるのです。

　例えばフェラチオなら、「こうするのとこうするの、どっちが気持ちいい？」と二択で聞いてみる。そうすれば、男性も「最初の動きかな」と答えやすくなります。あまり聞きすぎると素に戻してしまいますので、相手の気持ちを汲み取って質問してくださいね。

　またセックスの最中、パートナーの本音を引き出すテクニックとして、「NO を言いやすい聞き方をする」というのがあります。

　「気持ちいい？」と聞かれると、多少違うなと思っていても「うん、気持ちいい」と答えてしまいがちです。これを「強くない？」「痛くない？」と否定しやすい聞き方にすれば、「ちょっと強いかな」「少し痛い」と本音が言いやすくなります。居心地のいい人とは、相手に選択肢を与えられる人なんです。

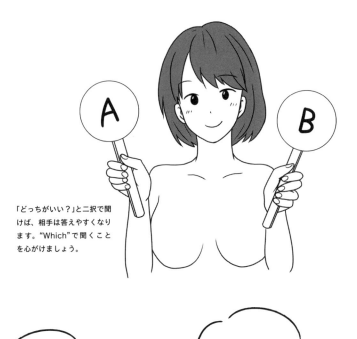

「どっちがいい？」と二択で聞
けば、相手は答えやすくなり
ます。"Which"で聞くこと
を心がけましょう。

痛くない？

強くない？

「気持ちいい？」は聞かれた相
手が気を使ってしまいがち。否
定しやすい聞き方をすれば、本
音を言いやすくなります。

45

気持ちのいい舐め方

　カラダを舐める、手コキ、フェラチオなどの前戯は、ちょっとしたポイントを押さえるだけで、パートナーの気持ち良さが変わってきます。

　まずは舐め方ですが、どこを責める場合も縦方向に舐めるのがポイント。人間の主要な神経は縦に走っているので、縦方向に舐められたりさすられたりすると自然に感じられるんです。

　男性を舌で責める際に、オーソドックスなのは乳首ですが、耳や首、脚などもとても感じやすい部位です。

　仮に耳や首、乳首などを責めたときに相手がくすぐったがるようなら、まだ気分がノッていないか、耳や首、乳首などを責められることに慣れていない(開発されていない)証拠。くすぐったいは「気持ちいい」の前段階。気持ちいいは脳へのすりこみなので、ムードや開発によって、くすぐったいから気持ちいいに変わる可能性を秘めている部位なんです。

　どこを舐める場合も、相手の反応を見ながら、責め方や強弱を調整しましょう。

相手の気分がノッていない
と、耳や首、乳首などは責
めてもくすぐったがられて
しまいます。

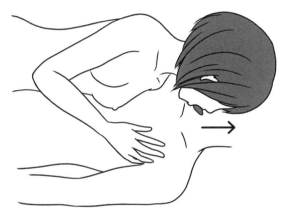

神経に沿って刺激することで、気持ち
良さが増します。全体的に縦方向に舐
める、さすることを心がけて。

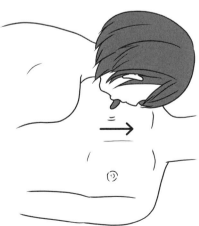

気持ちのいい手コキのやり方

　ペニスを愛撫（手コキ）する際に、とにかく強く／速くしごけばいいと思っている女性はとても多いです。男からすると、それは恐怖でしかなく、痛いだけです。この機会に、男性が本当に気持ちいい手コキの方法を覚えましょう。

　手コキを始めるまえに、ペニスを口に含んで唾液をまぶすか、ローションを塗って、滑りを良くしておくのがベスト。濡れていないアソコに乾いた指をズボッと入れられたら……痛いですよね。それと同じです。また、唾液やローションをつけられない状況であれば、包茎の男性なら“皮ずり”をしてください。ペニスをズル剥けにして手コキするのではなく、皮をかぶせた状態で動かす。もしズル剥けの人だったら、5本指の腹を立てて、頭をマッサージする道具のように優しくサワサワしてください。

　竿を握るときは、手全体で包み込むようにし、親指で裏側、残りの指で表側を握ります。触れる面積が多くなるように意識しましょう。

　握る強さと角度には個人差があるので、相手の反応を見つつ、P.44で説明したように「強くない？」「どっちのほうが気持ちいい？」など相手に聞いてみるといいでしょう。一般的に男は、「一定の単調な動き」が好きな傾向にあります。

しごく際には、皮を引っ張りすぎないように。ペニスの根元で皮がたわむぐらいにとどめましょう。さもないと、裏筋が引っ張られて男性が痛い思いをしてしまいます。

手コキをしている間、睾丸、会陰部、乳首など、他の部位を同時に責めるとなお良し。これをするかしないかで、男性の気持ち良さが大きく変わってきます。

手でしごくまえに、上から唾液を垂らしたり、唾液を手で握ったり、唾液やローションで滑りを良くしておくことが大切。

ペニスを握る際は、手全体で包み込み、触れる部分がなるべく多くなるよう意識して。

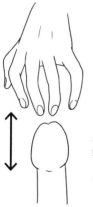

慣れないうちは皮を思いきり引っ張ってしまいがち。加減に注意しましょう。

ペニスがズル剥けの場合は、頭皮のマッサージグッズのように5本指の腹を立てて、サワサワと愛撫しましょう。

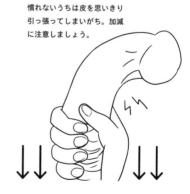

気持ちのいい
フェラチオのやり方①

　気持ちのいいフェラチオのコツは、「唾液をたくさん出して滑り良く、接地面を多く、ストロークは長く、両手を遊ばせず、吐息を漏らしながら、つむじを見せないようにする」です(笑)。やることいっぱいですね。でも、慣れたり、相手に気持ち良くなってほしいという気持ちがあれば、自然にできるんです。

　ひとつずつ解説していきましょう。

　唾液をたくさん出す。口が渇いて出ないという人は、ふだんの水分摂取量が足りないのと、口をよく動かさないことに原因があります。また、サラサラの唾液しか出ない人は、緊張していたり興奮していない証拠。そんなときはのどの奥に手を入れて"えずき液"を利用しましょう。唾液量が増えると、接地面を増やすことができます。唇や口の中の粘膜を這わせるイメージでストロークしてください。

　その際、利き手は次のページで解説する「口の延長を作る」、もう片方の手は玉や乳首、会陰部をさする、口の中に指を入れて舐めさせるのもおおいにアリ！（上級者すぎる？笑）　吐息を漏らしながらすることで、耳でも興奮させることができます。

　また、「つむじを見せないように」とは、ペニスを少し手前に倒すことにより、ペニスの上筋にテンションがかかり気持ち良さが増す

という意味。「痛いんじゃ……」と心配になるかもしれませんが、ペニスの根元は意外とフレキシブルにできています。つむじを見せるようにフェラすると、どうしてもストロークが短くなりがちです。そういった意味でも、相手の表情を見るように顔を立ててください。

　ちなみに裏情報なのですが、男の共通認識としてあるのが「玉から舐め始める人はエロい」です。ファーストタッチで玉や会陰部から舐め上げてくると、ドでかいゴングが鳴らされた気分になります。

ペニスを心もち手前に倒すと、相手の顔に目線を
向けやすくなります。

気持ちのいい
フェラチオのやり方②

　オススメなのが、たまに気分転換で、利き手で上筋を手コキしながら、舌で竿を舐め上げる。陰のう（玉袋）を責めるなら、舐め上げるなども〇。ただし、口の中に玉を入れて吸うのは、男にとって恐怖になることも（相手が「上手な人」という認識があるのなら、身を任せられるのでOK）。

　裏筋を舐め上げる際は、舌を大きく出して、接地面を大きく取るのがコツです。

　フェラや手コキなど48手ばりに書いてあることもありますが、先も書いたように「男は単調な動きが一番好き」なので、基本の１、２、３の動きのみで良いのです。余計なことはしない！

これでスキルアップ！
＼＼「口の延長を作る！」／／

ペニスとの接地面を増やすために、「手で口の延長を作る」というテクニックを覚えておくといいでしょう。人差し指と親指で輪っかを作り、舌を入れ、筒状になった部分、小指の下の手のひらのプニプニからペニスの先を入れて、舌で愛撫します。このテクニックを使う場合も、ペニスと手指に唾液をたっぷりとまぶしましょう。

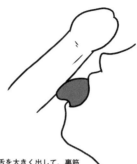

舌を大きく出して、裏筋を縦方向に舐め上げるのも気持ちいい。

口で亀頭をすっぽりと覆い、舌の表面で裏筋を刺激。舌を大きく出して、竿の根元から舐め上げましょう。

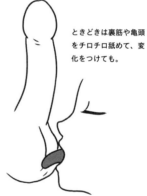

ときどきは裏筋や亀頭をチロチロ舐めて、変化をつけても。

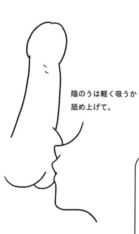

陰のうは軽く吸うか舐め上げて。

フェラチオをしながら、陰のうや乳首を同時責めすると気持ち良さがアップ。

気持ちのいい
フェラチオのやり方③
NGパターンはこれ！

　フェラチオをする際に、しっかり意識して口を開けないと、ペニスに歯が当たってしまったり、口の中のパサつきで痛かったりします。歯が当たっても、唾液が多ければ滑りもいいので、痛みはほぼありません。やはり唾液はとても大事です。

　また、尿道口を舌で責めるのも初めは避けたほうが無難でしょう。刺激が強いので、気持ちいいどころか人によっては痛みを感じることもあります。もし男性が大きなアエギ声をあげたとしても、その声は「やめて！」の意味かもしれませんので……。

　睾丸を口に含むのも、男性にとっては「引っ張られるんじゃないか？」と恐怖に感じる行為。信じられないかもしれませんが、「これでもか！」ってほどに睾丸を引っ張る女性がいらっしゃるんです。なので、睾丸は口に含まず、舌で舐め上げるのが無難でしょう。

　そして、気持ちいいと誤解されがちなのがディープスロート。のどの奥は硬いので、その硬い部分にペニスの先っぽが当たって、あまり気持ち良くありません。ディープスロートの上手な人は、唾液がたくさん出ていて、かつ、のどの奥がポカッと開き、柔らかい部分が続いているため気持ちいいのです。

　なので、口が小さい人、唾液がサラサラしている人、唾液量が少ない人のディープスロートは、男性が痛がりやすい傾向にあるため、

無理に行う必要はないでしょう。慣れないディープスロートをする
くらいでしたら、単調なフェラの繰り返しのほうが気持ちいいです。

尿道口に舌を入れる行為は、男
性にとっては痛い可能性も！

のどの奥までペニスをくわえこむディープ
スロート。のど奥は硬いので、唾液が多く
口の大きい人でないと痛いときが多い。

こちらも女性がやりがちなNGパターン。特に、
口に含んで強く引っ張るのは厳禁！

○○○は男性の隠れた性感帯

　男性が「わ！　この子めっちゃエロいな！」と思う女性の行動がいくつかあります。フェラのページで紹介した「ファーストタッチが金玉の舐め上げ」は代表的な例ですが、その前、まだパンツを脱いでいない状態のときにもあるんです。

　その行動とは、「ズボンや下着の上からペニスをさするとき、会陰部まで手を伸ばす」です。これをやられたら男性は「うぉッ！エッロ！」ってなります。

　フェラのときも会陰部を触ると良いと書きましたが、この会陰部にはペニスの根元部分が埋まっているので、ペニスと同様に、責められると非常に気持ちいいんです。ここを指先や指の腹を使ってさすってあげれば、男性に一目置かれることまちがいなし！

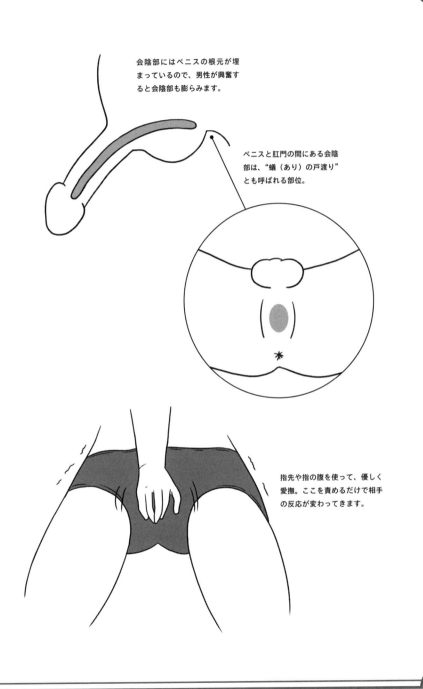

会陰部にはペニスの根元が埋まっているので、男性が興奮すると会陰部も膨らみます。

ペニスと肛門の間にある会陰部は、"蟻（あり）の戸渡り"とも呼ばれる部位。

指先や指の腹を使って、優しく愛撫。ここを責めるだけで相手の反応が変わってきます。

挿入してから心がけること

　前戯と同じく、挿入時や挿入後もちょっとしたポイントを守るだけで、気持ち良さが全然変わってきます。まずは、挿入した際は5〜10秒動かさないこと。そうすることで腟がペニスにフィットしようとします。挿入してすぐ動かしてしまうと、ホールドできずにお互いに締まりがない状態になります。これは男性側が意識をしなくてはいけないので、「最初、奥まで入れたら1回止めて」とお願いしましょう。

　次は手の位置。触れる部分が多いほどお互いに気持ち良くなれるので、シーツや枕をつかむのではなく、つねに手は相手のどこかしらに触れるようにしましょう。

　そして、"シンメトリー"を心がけること。自分の体勢が左右対称になっていないと、男性は挿入やピストン運動がしづらくなってしまいます。特にバックをするときには、恥ずかしさから体勢が崩れてしまう人が多いので注意してください。

　最後は、関節の角度。ほとんどの体位において、お腹と太ももの間、ひざの角度は鋭角にするのが基本です。これは文字だと説明しづらいので、右のイラストを参考にしてください。

　この3つは、全ての体位に共通するポイントです。

　また、セックスの最中に相手が萎える言葉を口にしたり、集中力

が切れたりするのもいけません。こちらについては、Chapter.3 の
P.84 〜 87 で後述します。

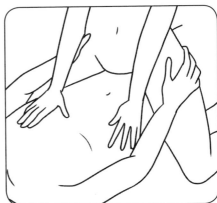

どの体位でも、手や脚が相手のどこ
かしらに触れるように。

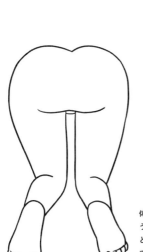

体勢が左右対称になるよ
うに心がけて。非対称だ
と相手が動きにくくなっ
てしまいます。

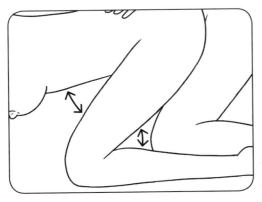

腰とひざ裏の角度を鋭角にす
るだけで、同じ体位でも気持
ち良さが格段にアップ。

気持ちいい騎乗位

　「え、最初は正常位から解説するんじゃないの？」と思った人もいるでしょう。なぜいきなり騎乗位なのか。理由は、騎乗位こそ女性がイキやすい体位だからです。

　騎乗位には、女性がひざをついて腰を前後にグリグリ動かすパターン、女性が上体を倒して抱き合う体勢になるパターン、女性がひざを立てて男性が突き上げるパターンなどがあります。特に女性がイキやすいのは、最初の腰を前後にグリグリするパターン。自分で気持ちいい場所にペニスを当てやすいのと、体重で奥まで挿入できるのと、クリトリスがこすれることによりイキやすくなるんですね。

　女性が前後に腰を動かしている間、男性はどうすればいいか。ただ寝ているだけではいけません。女性の腰に手を添えて、女性の動きをサポートしてあげましょう。介護士が身につけるロボットスーツというのがありますよね。それを男性がやるイメージです。

　そして、女性が腰をグリグリするのに疲れたら、男性がその動きを続けてあげる。なので女性が動いている間も、男性はどういうふうに動いているかを学習しておく必要があります。

　女性が気持ち良くなるためには、男性のサポートが不可欠。2人で気持ちの良いセックスを築き上げていきましょう！

ひざをついて、腰を前後にグリグリ動
かしながら、気持ちいいポイントを探
る。手を遊ばせないように注意。

疲れてきたら、相手に動きをサ
ポートしてもらいましょう。

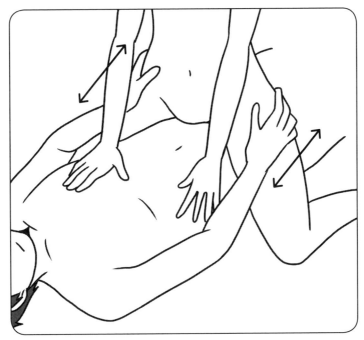

男性の手は、女性の腰の動きのベクトル上に力を加えるイメージ。そうすることにより、女性の負担も少なくなります。また、疲れて動きが止まったときも、その軌道で動かせば「気持ちいい」が続きます。

気持ちいいバック

　「バック（後背位）がしづらい」「気持ち良くない」など、バックに
苦手意識を持つ女性はかなり多いです。しかし、そういう人はたい
てい体勢やひざの角度に問題があります。

　よくありがちなのが、バックへの恥ずかしさや抵抗感から、脚が
不揃いになってしまうケース。男性が挿入しづらくなってしまうの
で、脚がシンメトリーになるように意識しましょう。

　ひざは立てず、腰を落としてひざが鋭角になるように。ひざを立
てた四つん這いの体勢が正しいと思っている人もいますが、これは
男性からすれば挿入がしづらく、またペニスがGスポット経由ポル
チオ行きの軌道をとれないので、女性もあまり気持ち良くない
NGパターンです。

　バックのときは「シンメトリーに、そけい部とひざ裏の角度が鋭
角で、お尻の穴が天井を向くように腰を入れる」が基本のポーズで
す。

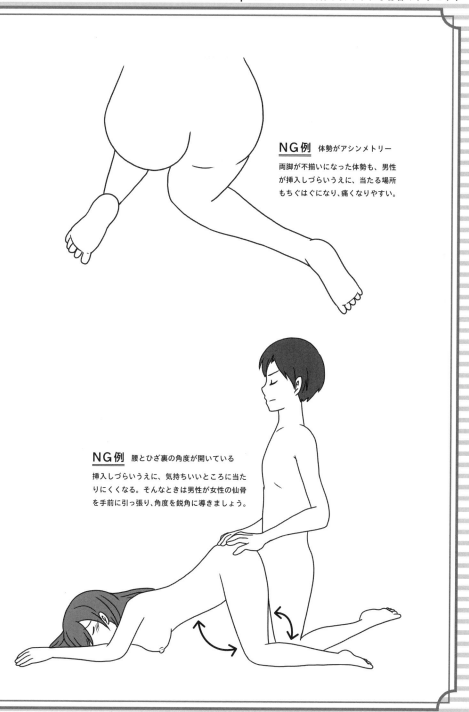

NG例 体勢がアシンメトリー

両脚が不揃いになった体勢も、男性が挿入しづらいうえに、当たる場所もちぐはぐになり、痛くなりやすい。

NG例 腰とひざ裏の角度が開いている

挿入しづらいうえに、気持ちいいところに当たりにくくなる。そんなときは男性が女性の仙骨を手前に引っ張り、角度を鋭角に導きましょう。

バックの正しい体勢

ひざは立てず、腰とひざ裏の角度が鋭角になるように。
脚はシンメトリーになるように意識しましょう。

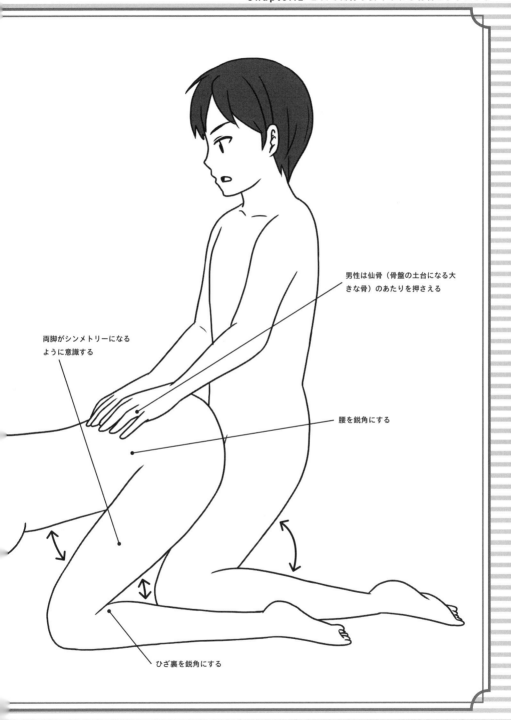

男性は仙骨（骨盤の土台になる大きな骨）のあたりを押さえる

両脚がシンメトリーになるように意識する

腰を鋭角にする

ひざ裏を鋭角にする

気持ちいい立ちバック

　「立ちバックがしづらい」「苦手」という女性のほとんどは、その人自身の体勢に問題があります。内股になっている、猫背になっている、つま先が上がっている……など、気づかないうちに立ちバックがしづらい体勢を取っているんです。

　正しい体勢は、かかとに重心を置いてガニ股になり、少しひざを曲げる。背中が曲がらないように腰をしっかり入れ、胸を少し張る、です。

　立ちバックでありがちな「男女の身長差がありすぎて挿入しづらい」問題。これは背の高いほうが腰／ひざの角度を調整することで解消できます。僕は身長164cm弱ですが、206cmの女性と立ちバックしたときも、上手く絡むことができました。なので、身長差は関係ありません。カラダの使い方です。

　立ちバックのコツは、口ではなかなか説明しづらいので、右のイラストを参照してください。

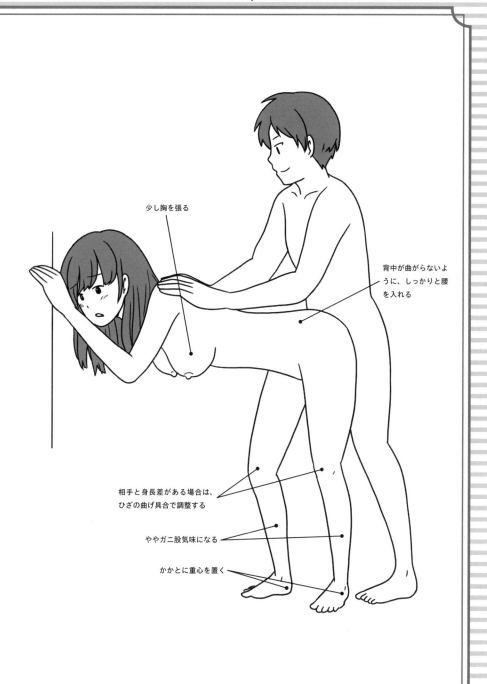

少し胸を張る

背中が曲がらないように、しっかりと腰を入れる

相手と身長差がある場合は、ひざの曲げ具合で調整する

ややガニ股気味になる

かかとに重心を置く

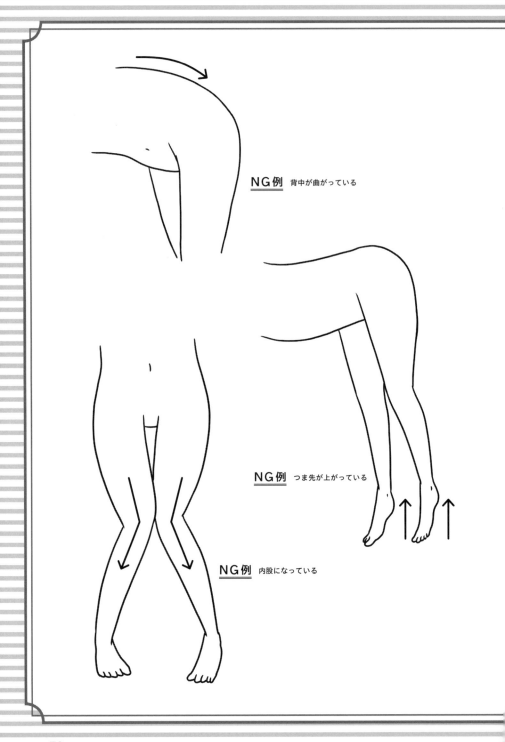

NG例 背中が曲がっている

NG例 つま先が上がっている

NG例 内股になっている

Chapter.3

本命 or 遊び、何が違うの？
男の本音を徹底解析！

好かれる会話、嫌われる会話

「いつもセフレで終わっちゃう」「一度寝たら連絡が来なくなった」と悩んでいるあなた。会いたいと思っても、はぐらかされてなかなか会えないのは、何か原因があっての話です。

だからと言って、いきなり相手に好かれるのも難しいですよね。しかし！　嫌われないようにするのは意外に簡単です。人間の心のメカニズムを理解して、いくつかのルールを守ればいいだけです。この章を読んだら、意識してみてください。対人関係がこれまでと明らかに変わってきますよ！

まずはコミュニケーションの基本、会話について。セックスは最上級のコミュニケーションなので、会話のコミュニケーションが上手くできなければ、セックスもいいものになりません。会話もセックスの一部です。相手が気持ち良くなる会話を心がけましょう。

相手の話にきちんと耳を傾け、聞かれたら自分の話をするくらいがちょうどいい。一方的に自分の話をするパターンは、圧倒的面白さと情報量があってこそ成り立つんです。なので、相手の話を前のめりで、笑顔で聞く。

それに加えて、話している間は相手と目を合わせて、リアクション良く。これを意識するだけで、好意的な印象を与えられます。相手を呼ぶときは名前で呼ぶと印象に残ります。なので、僕は女性と

会話するときは下の名前を会話の中に入れて話を進めます。

　また、つい言ってしまいがちな嫌われワードが「よく言われる」「言うと思った」「スベってるよ」。「よく言われる」は、相手は気を使って、あるいは和んでもらおうと「○○さんは△△ですね」と言ってきているケースが多いです。そこはわざとらしくても「わー、嬉しいです」とか「初めて言われました」で乗り切ってください（笑）。あと、相手がスベったときやつまらない話をしてきたときも、「コラ」などとツッコミを1つ入れて笑顔で返す。それだけで相手の話は生かされるんですね。

話している間は、必ず相手と目を合わせること。これだけであなたの好感度が一気に上がります。

「飲みたーい」は魔法の言葉！

男性が何か飲んでいるときに、好かれる女性の一言は「おいしそう。飲みたーい」。飲み物をもらったら「ああ、おいしい！」と言えば完璧です。おいしいものを共有し、気持ちも共有できるのはモテ女の証。逆に、自分が飲んでいるものを「○○くんも飲む？」と渡し、相手がおいしそうに飲んでいるからといって、「それ全部飲んでいいよ」と言うのは非モテ女。「全部飲んだらダメだからね」など、会話のキャッチボールを仕掛けてくる人がモテるんです。

よく
言われる～

せっかく相手が話を振ってくれているのに、一言でぶつ切りにしてはいけません。相手はがっかりしてしまいます。

色気の正体はズバリ〇〇です

　さて、色気とは何でしょう？　そしてどうしたら色気を身につけられるのでしょう？　この質問にハッキリと答えを言える人はなかなかいないのではないでしょうか？　ズバリ、その答えは"口まわり"です。

　唇は性の象徴。猿が四足歩行から二足歩行になって、お尻の発情期の赤さが分からなくなったから、唇が赤くなったなんて言われていますよね。

　色気がある人と言われて思いつく人の共通点は、「唇が赤く、しゃべり方がゆっくりで、落ち着きがあって低い声」などではないでしょうか？　逆に色気と遠いのが、「カン高い声で早口、そわそわして落ち着きがない」。これが分かると、色気というのは「演出できる」わけです。

　赤い口紅を塗るだけでモテるというのは、有名な"ゲゲンの実験"で証明されていますよね。それに加え、ゆっくりと低めの声でしゃべることを意識し、はやる気持ちを深呼吸で落ち着かせましょう。

　また、口が大きい人や大きく口を開けて笑う女性は経験上モテますし、エロい傾向にあります。「色気は口まわりに宿る」。これを意識すると、今後の人生にプラスに働くことでしょう。

74

口の大きい女性は、男性に
モテる傾向があります。

うこのあい
なんだけど、○○ち
と遊んでたときに△
ゃんがめっちゃテ
ション高くて笑っちゃ
ね。それから一緒
んだけ

早口でしゃべる女性は、落ち着
きがないように見えてしまい、
色気が感じられません。

1人をほめたら、
もう1人も違う部分でほめる

　飲み会や大勢の人との食事の席で、好みのタイプの男性に出会ったとしましょう。誰かに「この中だったら誰が一番タイプ？」と振られたとき、あなたはどう答えますか？

　「○○くんかな」と1人に絞って答えたあなた、惜しい！　複数の男性がいる状況で、甲乙をつけるのは避けるのが吉。

　甲をつけられた人はいい気分になるかもしれませんが、乙をつけられた人はたいてい気持ちが下がってしまいます。

　なので、「付き合うなら○○くん」「結婚するなら△△くん」「相談に乗ってもらうなら××くん」……と振り分けるのがベスト。その気遣いが男性には「素敵だ」と感じられます。なので、甲乙をつけずフラットに答えましょう。

　僕が女性に「この中で一番エロいと思う人は？」などと聞かれたときは、「色気があるのは○○ちゃんだけど、相性が良さそうなのは△△ちゃん」「××ちゃんの肌は気持ち良さそう！　言われたことない!?」と答えて難を逃れます(笑)。

よく笑う女性はエロいです

　よく笑う女性は一緒にいて楽しいです。

　デートでも、女性がニコニコしていると、「この子、楽しそうだな」と自分も楽しくなるものです。そう、感情は伝染します。人が人にあげられる最高のプレゼントは知恵と上機嫌。なので、人は知恵ある人と笑顔に集まります。そう考えると、男性は意外にチョロいのかもしれません（笑）。

　また、笑っている人は相手にエネルギッシュな印象を与えます。そしてよく笑う人はエロい傾向にあります。プラスの感情が豊かだからか、笑うことによって顔の筋肉がほぐれ、口が大きく開くようになるからなのか……理由は分かりませんが、僕の経験則ではまちがいありません。

笑顔の多い子って
魅力的ですよね。

「100人と1回ずつ」より「1人と100回」した女性のほうがエロい

「俺は〇人とヤッた」とヤリチン自慢をする男に、セックスが上手い男はいません。これは女性にも言えることで、経験人数とセックスの質は比例しません。

なぜなら、経験人数にこだわる人はセックスすることがゴールになっているため、挿入したらゴール。あとは気の向くままに終わり、です。こういう女性は、脳ではなくカラダでセックスしている（オナニーに近い）人が多く、自分からこだわりを出すこともなく、あっさりした内容の人が多いです。

それに対して、1人と100回セックスをしている女性は挿入からがスタート。こだわりある"深い"セックスをする傾向があります。そうでないと、1人と100回はなかなかできません。なので、僕は「回数を重ねるごとに良くなっていくセックスが理想」だと思っています。

セックスで量を求めるのか／質を求めるのかはその人しだいですが、「ただ重ねるだけの数字」に意味はありません。その数字から何を学んだのかが重要なんです。

「〇人としたことがある」は、その先に語るものがなければ、何の自慢にもなりません。

カッコつけてる人ほど
タチが悪い！？

　カラダだけじゃなく心も裸にできる女性は、気持ちいいセックスができます。これはまちがいありません。

　男性も、自分をさらけ出せる人、カッコつけない人は好感が持てますし、セックスも上手い傾向にあります。

　ここで言いたいのは、カッコつけてる人にエロい人、セックスの上手い人はいないということ。もともとナチュラルにしていて、カッコイイ・イケメンなら話は別ですが、「頑張ってモテようとしている人」にセックス上手はいないということです。それはSNSなどでも分かります。自撮りが多い人や、加工アプリを使っている人は、「自分を良く見せたい」という意識から、心を裸にすることはなかなかしません。自分のカッコ悪いところを見せられる人が、本当にカッコいい人なのに！

　その結果、周りの評価に気をとられて、ペニスの勃起にも影響する人が多くいます。自分の評価を下げたくないから言い訳なんかしたりして……それが一番カッコ悪いですよね！

カッコいい男性にときめいてしまうのは自然なこと。でも、
顔面偏差値＝セックス偏差値とはなりません。

心をコネクトすれば
最高に気持ち良くなれる

　僕はセックスはもとより、世の中を上手く渡り歩くためにもっとも大切な能力がコミュニケーション能力だと思っています。ふだんの会話はもちろん、セックスでもコミュ力は重要なウエイトを占めています。なので、「私、人見知りだから」と口にする女性を見かけると、「もったいない」と思ってしまいます。「人見知りです」と相手に言えているのですから、だったらその言葉を「こんにちは！」に変えてみてはいかがでしょうか？

　僕がセックスをするときに一番大事にしているのが"心のコネクト"という作業です。

　イメージは「コンセントにプラグを差し込んで電気を通す」で、コンセントが女性、プラグが男性、電気は感情です。心のコネクトが上手くいくと、相手の感情が分かるようになります。「ここがいいんだな」「ちょっと強いかな」「もう少しでイクな」「集中力が切れかかっているな」などが伝わってきます。「前戯のやめ時が分からない」「痛いけど我慢しよう」というのは、心のコネクトができていないときに起こる感情です。

　エッチ後に腕まくらをして「ギューッ」としているときに、お互いに「幸せだ！」と感じる瞬間、挿入中に気持ちいいところに当たって2人で声をあげる、2人にしか分からない会話が、コネクトできて

いる瞬間です。

　目を見つめたり肌が触れ合っているときに、よく相手を観察して、初めは分からなくても「相手は何を想っているのか？」を感じながらセックスをすると、感覚をつかみやすくなるでしょう。

心を通い合わせるためには、男性が五感を駆使して、相手を分かろうとする努力が必要不可欠。もちろん、女性側も心を裸にして向き合う姿勢が大切です。

行為中に言ってはいけない
NGワード集

　セックスの最中に男性の勃起が弱くなったときや勃ちが悪いときに、あなたなら何と声をかけますか？　実は「大丈夫？」と声をかけるのは不正解なんです。男性はその言葉を聞くと「心配されてる」「申し訳ない」という気持ちから、さらに萎えてしまいます。こんなときは、余計なことを言わずに黙って寄り添って見守ってあげて、相手の指示を待つのが正解です。

　他にもセックス中のNGワードとして、「暑っ！」「寒っ！」などがあります。セックスと関係のないことを言われると、男性はとたんに冷めてしまいます。関係ないことを意識させてしまう男の雰囲気作りとテクニックの問題ではありますが、それらの言葉は集中力のないときに出る言葉なんです。

　愛撫や挿入時に痛みを感じたとき、「痛っ！」と言うのも、避けたほうがいいでしょう。男性には「相手に気持ち良くなってほしい」という気持ちがあるので、痛いという真逆の反応をされると「また痛くしちゃったらどうしよう」と真面目な男性ほどビクビクしてしまいます。

　痛いと言われて「おお……ごめん。これならどう？」と代替案を提示できるのは、慣れた男性だけ。ストレートに訴えず、「さっきの優しいほうが好きかも」「もう少しゆっくりがいいな」など、「こう

するともっと気持ち良くなりますよ」という伝え方をしてみてはい
かがでしょうか？ 「痛っ！」だけだと、次にどうしたら痛くなく気
持ち良くなるのか、分からなくなってしまう男がほとんどですので。

大丈夫？

途中で萎えてしまった相手に
「大丈夫？」は禁句。そっと
見守りましょう。

痛っ！

男女共に、痛いからといってスト
レートに伝えるのはNG。やんわ
りと希望を伝えるのが正解です。

男性が冷める一番の言動は……

　いいですか。今から衝撃的な話をします。エグいので倒れないで
くださいね(笑)。

　男性が一番冷める、はたまたカップルならばセックスレスに陥る
言動No.1が、「え!?　え!?　何?」とか「えっ、分かんない」などに
代表される"集中力のない女性"です。

　例えば、体位を変えるときに「えっ!　えっ!?　何?」と素に戻っ
た発言。男性は一気に冷めてしまいます。

　また、分かりやすいのは、騎乗位のときの手。手がおざなりに
ぶら〜んとしていると、男性は「この子、気持ち良くなることに集
中していないな」と感じてしまい冷めます。これらは僕でさえ萎え
てしまうときがあるほどなので、たとえ分からなくても"分かろう
とする姿勢"、手の位置が分からなくても"相手をつかもうとする
気持ち"が大切なのです。だって、セックスは2人でしているもの。
気持ちの一方通行では、相手のカラダを使ったオナニーです。

　集中力がない人は、男女に限らずセックスレスになりやすい傾向
があります。ちなみに男性の遅漏は、集中力の欠如が大半の原因。
思い当たるふしはありませんか?

　心当たりがあるなら、「集中!　集中!」という意識を持つだけで
も改善が見られます。

セックスの最中に女性が素に戻ると、相手はしらけて
しまいます。集中力が途切れないよう意識して。

過去の良かった
セックス話はしないが吉！

　人間誰しも過去のパートナーと比べられるのは嫌なものです。セックスに関しては、特に聞きたくないのではないでしょうか。「元彼とはカラダの相性が良かった」とか「元彼でしかイケなかった」とか「セフレとのカラダの相性が良くて」とか、そのたぐいの話は女性同士でしてください（笑）。

　個人差はあるものの、基本的に男は負けず嫌い。女性に対しても、自分になついてくれる女性をひいきしたがります。

　経験人数を聞かれても、数はぼやかしたほうがいいでしょう。人数が多い場合は少なめに言うか、「私、そういうの全然覚えてないよ」「全然多くないからいいじゃん。この話、やめよ」と話を変えてもいいかもしれません。正直に人数を答えてもいいことはありません。

　そもそも、良かったセックスも悪かったセックスも、過去のセックスはなるべく忘れたほうがいいと考えます。どうしたら自分は気持ち良くなれるのか、どうしたら痛くなるのかという過程だけ覚えておいて、いい悪いという結果は忘れる。セックスは学習です。過程まで忘れるとゼロに戻ってしまうので、過程を覚えて上書きしていくのです。

　「良かったセックスは忘れたくない」という人もいるかもしれませ

んが、思い出はどんどん美化されていきます。そして、そのセックスと今のセックスを比較してしまいがちです。今のベストを尽くすことだけを考えましょう。

女性が過去のセックスを語り出すと、男性は
冷めがち。経験豊富な相手でも、です。

「騎乗位できない」は
言わないで！

　女性に多いのが、騎乗位に移ろうとすると「え！　分からない」「やったことない」「え⁉　やだやだ」って言っちゃう人。これは……いいセックスを目指すならダメです。

　分からないなら学んでください。やったことがないなら、やってから拒みなさい。嫌なら理由を言いなさい。この言葉を言っていたら、いつまで経っても今のままですよ。

　こんなときの正しい返しの例がこちらです！

OK例①「どうしたら気持ちいい？」

　「やる気はあるんだけど、上手いやり方が分からない」という意図を込めた言葉。セックスに対するポジティブさや好奇心が伝わる、理想的な返し方と言えます。

OK例②「教えて」

　騎乗位の経験が少ない、やり方がよく分からない場合、素直に教えを請うといいでしょう。男性はその前向きな発言を嬉しく思うはずです。

OK例③「恥ずかしい」

　全力で拒まれると男性は冷めてしまいますが、「恥ずかしから……」と返されれば、その理由も分かりますし、そう感じているのも可愛いと感じますので、「無理強いはしないでおこう」「こうやってごらん」と次のステップに進めるでしょう。

したことないから
恥ずかしくて…

騎乗位をしたことがなかったり、苦手意識があるなら、その気持ちを前向きに伝えたうえで学ぶ姿勢を！

Chapter.4

女性のセックスの悩み、
全部答えます！

Q01

中イキするにはどうすればいい？

A 本気で中イキしたいなら
相手任せはやめ、イク努力をしましょう

「中でイッたことがない」「中イキしてみたい」。僕のところには、そんな女性の声がたくさん届きます。

Chapter.1でも書いたように、中イキできるのは女性10人のうち1人か2人くらい。そして、「イケたらラッキー」くらいの気持ちのほうが中イキしやすい傾向にあります。

もうひとつ補足すると、本当は中イキしているのに気づいていないケースもあります。中イキというと、背中をのけぞらせてビクビクするとか、放心状態になるといったイメージを抱いていませんか？　確かにそういう人もいますが、全員に当てはまるわけではありません。イキ方は人それぞれで、中にはぼんやりとイク人もいます。自分がイッたかどうか分からない人は、「スッキリ」していたら、それがイケている証拠です。

　ここまで読んで、それでもやっぱり中イキを体験してみたいと思う人は、Chapter.1 の「感じやすいカラダを作る」を実践したうえで、以下のことも意識してください。

　ひとつは妄想力。女性は男性に比べて、視覚による興奮が弱いと言われます。なので、自分が興奮するシチュエーションを知ったうえで、目を閉じてそのシチュエーションを妄想してみるのもいいでしょう。

　ふたつめは自己肯定感を高めること。精神科医の方に「自己肯定感が低い人はセックスでイキにくい」と聞いて、僕はとても共感を覚えました。自己肯定感を高めるには自分も努力すること、Chapter.1 を実践して「頑張った自分をほめてあげる」ことに加え、パートナーがセックスの最中に「大好き」「すごい幸せ」とあなたを褒める言葉をかけてくれたりすると心の中に徐々に「特別感」が生まれ、自己肯定感の高ぶりと合わせてイキやすくなります。言葉の力は偉大ですね。

　3つめは解放感。これはパートナーとの信頼関係から生まれる部分もありますが、ある女医さんによれば「女性は男性がイッたあとのほうがイキやすくなる」そうです。「私でイッてくれた」という喜びと安心感から、解放感が生まれるというのが理由なんだとか。この場合、パートナーはイッたあとも多少、腰を振り続けることになりますが……確かに経験上よくある話です。

　これらを念頭に置いたうえで、最後にもうひとつ覚えておいてほしいことがあります。

　それは、「他力本願な考えでは一生中イキできない」ということ。本気で中イキしてみたいなら、パートナーのせいにせず、自分自身が現状を変える努力をしましょう。その努力は、必ず報われます！

Q02

セックスレスは解消すべき？

 悩んでいる理由によります

　中イキと同じくらい僕のもとへ届くのが、セックスレスに関する悩みです。

　悩みを寄せる女性のほとんどは「セックスレスを解消したい」「解消すべき」と考えているようですが、その根底には「セックスレスは悪いこと」だという思い込みがあります。

　しかし、セックスレスには「良いセックスレス」と「悪いセックスレス」があるというのをご存じでしょうか？

　セックスをしなくても、ふだんからコミュニケーションが取れている状態で、相手の気持ちや大切に想ってくれている気持ちが伝わっていれば、良いセックスレスと言えます。セックスはコミュニケーションのひとつです。別のコミュニケーションで感情のやり取りができていたら、まずは〇と考えてください。

　悪いセックスレスというのは、ふだんからコミュニケーションが取れておらず、互いの気持ちが分からない、何を考えているのか分からない状態のこと。この場合、もしセックスをしたとしても、心を満たせるのは挿入中の一瞬だけ。多くのカップルは、元の違和感を感じる関係に戻ってしまいがちです。

　これを踏まえたうえで、あなたにお聞きします。あなたはなぜセックスレスに悩んでいるのですか？　答えはこの４つのどれかに当てはまるかと思います。

１. パートナーとの仲を深めたい／コミュニケーションを取りたい
２. 好きな相手とセックスしたい
３. セックスしないと性欲が溜まる
４. 子どもを作りたい

　このうち、本当にセックスレスを解消すべきなのは２か４を選んだ人だけです。１と３を選んだ人は「セックスレスの解消」ではない問題解消法を模索しても良いと思います。それはなぜなのか？　次のページで解説していきます。

パートナーとの仲を深めたい
コミュニケーションを取りたい

「良いセックスレス」のくだりで触れましたが、セックスレスでもパートナーとコミュニケーションが取れていて、相手の気持ちが伝わっていれば悩む必要はありません。もっと仲を深めたいなら、セックス以外でコミュニケーションを取る方法を考えてみてもいいでしょう。感謝の気持ちを「ありがとう」と言葉にして伝える、プレゼントを渡す、外出時には腕を組む／手をつなぐ、軽くキスをする……。パートナーにしてもらったら嬉しいと思う行動を、あなた自身もしてみてはいかがでしょうか。

好きな相手とセックスしたい

最初にやるべきことは、セックスレスになった原因を探ること。よく聞くのは、「パートナーが勃たなくなった」「仕事や家事で疲れてしまってそれどころじゃない」「パートナーと"家族"になってしまってときめかない」「それとなく誘っても拒否される」などの声。「ときめかない」は裏を返せば「安らいでくれている」と考えられます。一緒にいて、いつまでも「ときめく＝ドキドキする」関係だと疲れてしまうでしょう。あなたといて安らげるから、相手もお付き合いし、結婚したのです。それを踏まえたうえで、これらを解消するには……

①2人でじっくりセックスについて話し合う
②泌尿器科などに行きED治療薬をもらう
③旅行に行ったりレストランでお酒を飲んだりして、いつもと違う環境に触れる
④体型や服装、髪の色、髪型など、外見をガラリと変える
⑤ジムに通って男性ホルモンと成長ホルモンの分泌を促しつつ、人に見られる環境に身を置く
⑥異性と触れ合うようにする
⑦絶対にパートナーと過ごす時間を作り、その日は「する」と覚悟を決める
⑧前戯をせずにローションなどを塗って、いきなり挿入する"プチセックス"を試してみる

セックスしないと性欲が溜まる

パートナーと仲良くして、コミュニケーションを取っていても、物理的にセックスをしないと性欲が溜まるという人も多いはずです。衝撃的な提案かもしれませんが、これはパートナーにバレないように、外で性欲を発散するのが一番です。恋愛・結婚・セックスは別タスク。恋愛感情は人を好きになることで村を形成するために生まれた感情。結婚は男女が一緒に子どもを育てることで、子孫を残す確率を上げるために生まれた制度。そしてセックスは子孫繁栄のための行為。もともと別タスクだったものが、結婚制度で無理やり一元化されてしまったわけです。なので、セックスと結婚は分けて考えるべきなんです。でなければ、こんなにも悩む人がいるのはおかしいと思いませんか？　浮気という言葉ではなく真っ当な「外での発散」。発散したら、戻るべきところに戻る。そして墓場まで持っていきましょう。

子どもを作りたい

2と違うのは、トキメキや興奮はここではマストではないということ。腟内射精がゴールなので、物理的にペニスを腟に挿入し、射精できればいいのです。子どもを作るためにセックスをする。でも、いざとなると恥ずかしかったりして、なかなか難しいというカップルは多いです。「子どもは欲しいけどセックスするのは荷が重いな〜」という声をたくさん聞いてきました。そんなときは……
①子作りのためのセックスの計画をじっくり話し合う
②男性はED治療薬を、女性は婦人科で排卵誘発剤をもらう
③排卵日を踏まえてセックスする日を決める
④覚悟を決める
⑤AVなどを観て気分を高める
です。なんだか寂しい気もしますが、やらないよりやっているほうが結果は出ます。知人には「妻の顔を布団で隠して行う」という人もいました。「それでもヤレてるんだから、ヤラないより偉いよ」とのこと。現実は……甘くない！

Q03

カラダの相性が悪い相手と
気持ち良くセックスする方法は？

 相性が悪いと感じる原因は
男性80%、女性10%、ベッド10%

　カラダの相性がいい／悪いとよく言われますが、実はカラダの相性なんてものは存在しません。男性がどれだけ女性に合わせられるか。これが全てです。男性が心のコネクト（P.82参照）をどれだけできるかが100%なんです。なので、あなたが「この人とはカラダの相性がいい」と感じる相手は、他の女性にもそう思われている可能性が高いです。

　しかし、セックスの相性となると話は変わってきます。それがアンサーにある男性80%、女性10%、そしてベッド10%です。セックスの良し悪しは男のチンポの使い方がほとんどではありますが、女性側が先にも述べた「男が萎える言動をしている可能性」（P.84参照）もあります。そして、いくらお互いがバッチリでも、ベッドやヤリ場の条件が悪いと、そちらに気をとられてしまいます。僕は年に500回

以上セックスをしていますが、ベッドの相性が関わってくるなんて
……思いもしませんでしたよ(笑)。

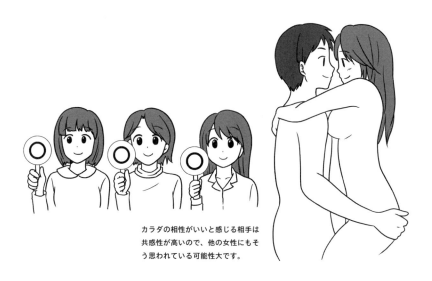

カラダの相性がいいと感じる相手は
共感性が高いので、他の女性にもそ
う思われている可能性大です。

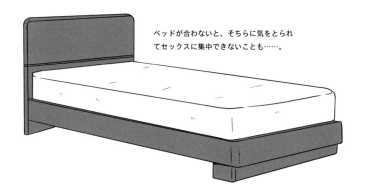

ベッドが合わないと、そちらに気をとられ
てセックスに集中できないことも……。

Q04

大人のおもちゃは
マンネリ解消になる？

 その瞬間はなるでしょう

　セックスのマンネリ化は、いつも同じパターンだと訪れやすく、また<u>セックスレスの原因</u>にもなります。「大人のおもちゃを使ってみよう」という発案は、「現状のマンネリ気味のセックスを改善したい」という気持ちの表れですから、相手も頭ごなしに否定するのではなく、興味があるというスタンスを持ってください。

　そして、大人のおもちゃにもマンネリを感じる日が来るでしょう（オナニーは除く）。そのときは次のマンネリ解消法を2人で模索しましょう。<u>「2人で考えて行動する」というのもセックスの一環</u>です！それって素晴らしい関係ですよね！

マンネリ化をどうやって解消するか、2人で考え、
行動するのはとても良いことです。

Q05

男性はクンニしたくないもの？

 人によります。僕はしたい派

　僕は「クンニ好きの男は信用できる。しない男は理由によっては絶縁する」と言っています。相手がクンニしない理由を無視してもいけません。男がクンニを拒む理由は3つ。単なるワガママか、生理的に無理なのか、したいけどできない理由があるのか？　です。まずはそこを判断しましょう！

　自分はフェラされたいけど、クンニはしたくない。「なんかグロいから」「面倒くさい」そういう自分のことしか考えない男に今後の伸びしろはないので、スーパー金持ち以外の男はさっさと捨ててしまいましょう。将来、浮気する確率は100％です。

　生理的に無理というのは、例えばハスの花とかカエルの卵を見るのが嫌だという人がいますよね？　これはトライポフォビア（集合体恐怖症）と言いますが、それと同じで、女性器を見る、何かを舐める、

人のニオイなどが生理的に無理だというケース。僕はクンニフォビアと名づけています。生理的に受け付けないものを無理強いするのは、相手の気持ちもあるので、今はいったんあきらめましょう。

「したいけど、できない」は女性の腟から「病的なニオイがする」ときです。知識がないと相手を傷つけてしまうかもしれないという気持ちから、「ニオイを指摘できないでいる」可能性があります（僕は「ニオイ気になってない？」と聞いたうえで、細菌性腟炎のニオイがする、カンジダっぽいなどアドバイスできるので、相手のためにも言います）。なので、自分のおりもののニオイに異変を感じたら婦人科に行きましょう！

ちなみに僕の知人女性には、相手にクンニをしてもらいたすぎて、「私とセックスする条件はクンニ30分以上です。それに同意しますか？」というクンニ同意書を持ち歩いている人がいます。こういう方法もアリかもしれませんね！

Q06

中イキ派だけど彼のモノが短くて
満足できない

 A 彼にペニスの使い方を学ばせましょう

　男女問わずペニスの大きさにこだわる人は多いですが、気持ちいいセックスができるかは、ペニスの大きさではなく使い方でほぼ決まります。したがって、「彼のモノが短くて満足できない」のではなく、パートナーのペニスの使い方に問題があるのだと思います(テクニックについては別著『しみけん式「超」SEX メソッド 本物とはつねにシンプルである』を参照してください)。

　また、Q1 でも言いましたが、女性の側も他力本願で解決しようとするのではなく、ペニスの使い方を教える気持ちでセックスをしてみてください。僕の見立てでは、勃起時に 8 cm あれば満足させられます。

Q07

カラダに自信がなくて セックスに没頭できない

 A 悩む必要はありません

　「自分のカラダに自信が持てない」「恥ずかしくて相手に見せられない」「小陰唇が大きい／黒い」「胸が小さい」と、悩む内容も人それぞれです。小陰唇縮小手術や豊胸手術を受けようか、真剣に悩んでいる人もいることでしょう。

　結論から言うと、悩む必要はまったくありません。これは心理学で"スポットライト効果"といって、自分が気にしていても、他人は案外気にしていないものです。顔のオデキや前髪がキマらないことも、他人はあまり気づかず、気にしているのは自分だけ。そう割り切ってセックスに臨み、もし相手に指摘されたら「小さいことを気にする男だ」とキッパリ別れてしまいましょう。

　僕は小陰唇がデッカくて真っ黒いの、剛毛、体臭、胸がない、全部好きです。AV男優もみんな、デッカくて黒いビラビラを見ると「いやらしい！」と言います。

Q08

生理中にセックスをしても大丈夫？
気をつけることは？

 必ずコンドームを着けましょう

　生理中は子宮が下がり、腟や子宮の中がデリケートな状態になっています。女性が痛みを感じやすい状態でもあるので、男性には必ずコンドームを着けてもらい、また激しい動きは避けたほうがいいでしょう。

　「生理中は中出ししても妊娠しない」と思っている人もいますが、これは危ない。その出血は本当に生理による出血なのか？　精子の生存期間や排卵日も一定ではなく、自分のカラダに何が起こるか分からないので、妊娠を望んでいないなら、コンドームを使用しましょう！

Q09

"マンペ" が出ると男性は萎える？

A ▶ 気にしていませんよ！

　セックスの最中にアソコに空気が入って、オナラのような「ぶーっ！」という音が出る "マンペ"。女性からすると、マンペはとても恥ずかしいようですが……。

　男性はまったく気にしていませんので、「相手が萎えるんじゃないか」と悩む必要もありません。

　「それでもやっぱり恥ずかしい」と思うなら、そのまま言葉や態度に出しましょう。恥ずかしがっている女性の姿に、男はより興奮することでしょう！

Q10

いい男性に出会えません。
私に見る目がないの？

A そんなことはない！
今日から自分磨きを始めよう

　ハッキリ言っちゃうと、「イイ男に出会えない」「ダメ男にばかり引っかかる」というあなたは、男を見る目がないのではなく、「あなた自身がダメ女」な可能性があります。

　類は友を呼ぶと言うとおり、周囲の人間関係はあなたを映した鏡とはよく言ったものです。イイ男に出会うためには、あなた自身がイイ女にならなければいけません。

　本書の Chapter.3 に記している心得を熟読・実行し、次のページを参考にまわりの環境を変えれば、あなた自身の成長からイイ男に出会う確率も高くなります。

　最後にもうひとつ。イイ男って何ですかね？　それはあなたにとって「都合のイイ男」なのではないですか？　また「イイ男を見つけて幸せにしてもらおう」ではなく、「この男を私好みのイイ男に育てよう」

というのもアリですよ！

\\\\ イイ男・イイ女の特徴って？ ////

見栄を張る生き方をしていない

収入に見合わない車や時計、装飾品を身につけている人、車のナンバーをゾロ目・キリ番・1ケタにしている男は×。そんなところで目立つのではなく、生き方が目立つ人がイイ男・イイ女。他人に上から偉そうに話す、自分の地位について話したがる、有名人とご飯を食べた話などをする人も×。自分を肯定し、本当の自分に自信があれば、そんなところで人の目を引く必要はないんです。だって、能あるタカは爪を隠しても分かるんですから。

食事のマナーがいい

マナーとはまわりへの配慮であり、育ちの良さが表れるものでもあります。一緒に過ごすようになれば、日々食事を共にすることになりますから、初めてのデートでは相手のマナーも観察しましょう。

「好き」「ありがとう」「ごめんなさい」をきちんと言える

会話からは相手の情報をたくさん得ることができます。愛情や感謝、謝罪の気持ちを素直に伝えられるのが、イイ男・イイ女。逆に「だって」「〜だから」「でも」「どうせ」などの言い訳やネガティブワード、いわゆるD言葉を使う人は×です。

メール・LINEの返信が早い

メールやLINEのメッセージに既読マークをつけるだけでも、相手は安心するもの。時間がない状況でも「はい」「いいえ」くらいは書けますし、そこに「取り急ぎお返事まで」の一言が添えてあれば、受け取る側の印象は断然良くなります。また、「ご飯に行かない？」と誘いが来たら、「行こう」だけではなく、「店は決めてる？　決めてないなら渋谷の〇〇っていうお店はどう？」など、意見や提案を盛り込みながら返事をするのがポイント。短い言葉から相手が知りたい情報を探り、できるだけ少ないやり取りで相手の知りたい情報を伝えられる人は、イイ男・イイ女と言えます。

Q11

相手によって膣がゆるい、
キツいと反応が変わるのはなぜ？

 感じ方が変わる原因は
男性側にあるかも！

よく"ゆるマン""がばマン"などと言いますが、実際にはほぼ存
在しません。男性が「ゆるい」と感じるのは、こんなときです。

①女性の気分がノッていない
②挿入後に10秒動かさないルールを怠った
③女性の集中力が途切れて、膣がペニスをホールドできなくなって
しまい、膣の中がポカーンと開いてしまった

②はペニスと膣の密着度と気持ち良さが格段にアップする、オスス
メのルール。
　膣をゆるいと感じるのもキツいと感じるのも、原因は全て男性側に
あります。あなたをゆるマン呼ばわりするような男は、自分はセック

スが下手だと告白しているようなものだと思って笑ってやりましょ
う！　ちなみにやせすぎていると腟のお肉も少なくなるので、時々は
アボカド、クルミ、青魚を食べましょう！

アソコがゆるいと感じる原因は、ほぼ男性側にあります。
ショックを受ける必要はありません。

Q12

セックスのあとにアソコが
痛くなります。解消法は？

A アソコの周辺を
マッサージしましょう

　性交痛が起こる部位や原因はいろいろ。男性がQ11で触れた10秒
静止ルールを怠った、女性のカラダが硬い、体勢がシンメトリーに
なっていない、濡れていない、生理前に子宮の位置が下がる……な
ど。年齢や体質の問題で濡れにくい場合は、ローションを使うと良い
でしょう。

　あとは、Iライン（アソコの両側）に毛がびっしり生えている女性は、
挿入したときに毛が巻き込まれて、アソコがカミソリで切るみたいに
ピッと切れてしまうことがあります。この場合は、事前にIラインを
剃っておくといいでしょう。

　M字開脚をしたときに大陰唇がプックリふくれて、アソコが筋み
たいになる女性も痛くなりやすい傾向にあります。逆に、小陰唇と腟
全体が押し出されるように見えている女性は痛くなりにくい。つまり、

奥まっているアソコか、奥まっていないアソコかで変わるんです(四つん這いの体勢で、手でお尻を広げなくてもアナルが全部見えていたら、奥まっていないアソコ。あまりよく見えていなかったら奥まっているアソコ)。奥まっている場合は、大陰唇を馬油などで日々マッサージしましょう。

　これらに当てはまらない人も、会陰部や肛門のまわりなんかをマッサージすることをオススメします。アソコがほぐれる、血流が良くなる、自分が気持ちいいと感じるポイントが分かる。いいこと尽くしですから。ズキズキする違和感や痛みは、男性のペニスの使い方に原因があります。「奥に違和感を感じるから、手前のほうが気持ちいい」と自分で身をよじって角度を変えて、「ここ！」と言って相手に教えてあげましょう。

Q13

オナニーも含めて
イッたことがないのが悩みです

 悩まないで日々オナニー

　Q1でも触れましたが、そもそも本当にイッていないのかどうかが、自分で分かっていないだけかもしれません。自分でイッていないと決めつけているだけで、本当はイッているのかもしれない。どちらにせよ、日々オナニーの積み重ねです。分からなくてもやってみる。

　セックスでイクことをゴールにすると、"スポーツ"になりかねないので、そこはご自身で設定してください。悩まずにオナニー！　悩めば悩むほどイカなくなります。ただし、オナニーでイクことにこだわるのはいいことです。こだわるのと悩むのは違いますから。

Q14

妊娠中にパートナーから
求められたらどうすればいい？

 A 自分の気持ちを第一に。
折り合いがつかなければ代案待ち！

　まず自分はどうしたいか、です。したいのか、「してもいい」なのか、
気分が乗らないのか、したいけど怖いのか。その気持ちを尊重して、
相手にまず伝える。そして相手の話を聞く。それはあなたの理由で収
められる性欲なのか、収められない性欲なのか。収められないなら代
替案で、口でする、もしくは今回は特例で、外で性欲の発散を分から
ないようにしてもらうか……などの話し合いを、求められる前にする
のはどうでしょう。求められてからの話し合いは、こじれる可能性が
高いと思いますので。

Q15

カラダだけの浮気は許される？

 カラダの浮気は自然なことでは
あったりしますが……

　浮気はパートナーが「浮気だ！」と感じたら浮気だと、僕は定義づけています。Q2でも書きましたが、僕は恋愛・結婚・セックスは別タスクだと捉えています。未婚／既婚に関わらず、です。

　なので、悩む人は恋愛タスクや結婚タスクにセックスを持ち込んでいる人。

　同じ相手とセックスをし続けるラブラブなカップルに憧れを抱く人は多いですが、それはかなりの例外。パートナー同士、どこからが浮気で、どこからがレスなのか、レスになったらどうするのかを、あらかじめ話し合っておきましょう。

Q16

男性器を見るのも触るのも
抵抗があります

A フォビアか、トラウマか、
知らないからか。
原因に応じて答えは変わります

　考えられる原因は３つあり、Q5で触れた"フォビア"か、過去の
トラウマか、男性器をよく知らないからか。

　フォビア、つまり生理的に受け付けないのなら、無理する必要はあ
りません。ただし、ペニスに対して抵抗があることを、理由も含めて
相手に伝えないと駄目です。見たら吐き気や嫌悪感がするのなら、別
の方法……精神科などに行く必要があるかもしれません。

　過去のセックスで嫌な思いをしたことが原因なら、いい相手とセッ
クスして、成功体験をすることで上書きが良いのですが……抵抗があ
るんですよね。相手に現状を伝えたうえで、克服しようとする気持ち
をつねに持って臨んでください。

　３つめの知らないというのは、ペニスに対する知識がないから怖い。
まずは事情を知っている友人と、大人のおもちゃのディルドを見つめ
てみる、触る、意見交換をするなどして、少しずつペニスを知ってい
きましょう。

Q17

ぽっちゃり体型で
セックスがしづらいです

A しづらくない体勢、体位が
きっとあります

　僕はふくよかな女性(体重３ケタももちろん！)は大好きですが、確かにお腹と太もも、お尻の肉がカベとなり、しづらい体位がありますよね。僕の中でセックスがしづらくなる体脂肪の目安は45％以上。

　僕は側位やその体重を利用した騎乗位などで対応しますが、一念発起して"セックスダイエット"をしてみては⁉　セックスダイエットとは、「お腹が空きそうになったらセックスをする」です。満腹中枢と性欲中枢は隣合わせなんです。だから食欲は、セックスが終わるときには和らいでいます。

　やせるには運動ではなく「食事が99％」。「摂取カロリー−消費カロリー」がマイナスになれば脂肪は減ります(ただし、同じカロリーでも食べ物によって体内でどう消費されるかは全然変わってくるので、注意が必要ですが)。

　「お菓子を食べない」と「夜、寝るときは小腹がすいた状態で寝る」と「賢者の食卓(大塚製薬)」を摂ることの３つ。これを実行すると、もっとセックスしやすいカラダになりますよ。一応ダイエットに関する知識も記載しておきます。素敵なセックスライフのために！

食事するときのポイント
（ちょっとストイックかな？）

・お腹が空く前に野菜を食べる or 賢者の食卓

・次ページで紹介している野菜や鶏肉を中心とした食事を１日４〜
5回とる

・１週間に２回程度は好きなものを食べる。ただし、17時以降は
やめておこう

・お菓子は見ないようにして、どうしても食べたいときはダイエット食を食べ終えたあとにひと口だけ食べる

・アルコールは糖質ゼロのビールやウイスキーを少量飲むなら OK

オススメの食べ物は次ページで紹介

＼＼ダイエットに適した食べ物／／

野菜類

ブロッコリー	**オクラ**
キャベツ	**アボカド**
ほうれん草	根菜類
トマト	きのこ類

発酵食品

**あおさやネギ、
生姜などを入れた味噌汁**

ヨーグルト

肉・魚

鶏肉
牛肉
青魚

果物

りんご

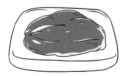

ナッツ類

くるみ
アーモンド

その他

プロテイン
オリーブ油

Q18

アソコから時々、おりものとは違う
透明の液が漏れてきて心配です

 子宮頸管から出てくる頸管粘液では？

いきなりアソコから透明な液体が漏れると、「何か漏らしちゃった!?」「何かの病気!?」と不安になるかもしれません。

その透明のおりものは"頸管粘液"。腟分泌液(いわゆる愛液もおりものの一種)と考えられます。おりものと言うと、少しネバついていて色がついている、鼻水みたいなイメージがあるかもしれませんが、排卵の前後では色や粘りけが出ることもあります。

基本的には排卵がきちんとできている証拠なんだと考えればいいでしょう。量が多すぎる、血が混じっているなど、不安を感じる場合は婦人科で診察を受けましょう。

Q19

ゴムをするとイケない、感じないと
言われました

A 「着けてくれないならしない」と
宣言しましょう

　これまで繰り返し言ってきましたが、お互いの全ての準備が整って
いないのにコンドームを着けない男はクズです。「着けて」とお願いし
ても「着けるとイケない」「感じない」と理由をつけて拒む男は、あな
たとセックスするのではなく、あなたのカラダを使ってオナニーをし
ようとしているのです。だって、相手の都合を考えず自分の都合ばか
り押しつけてくるのですから。

　相手の気持ちよりも自分の利益ばかりを優先する男には、人も仕事
もお金も集まってきません。したがって、人生の伸びしろもありませ
ん(困ったことにスーパー金持ちも着けないんですよね……)。

　そして、コンドームを着けないと萎える、気持ち良くない、という
のは脳で興奮していない証拠です。物理的な快楽でしかセックスでき
ないので、ドーパミン欲しさにいずれ浮気をします。目の前の状況に

興奮していれば、コンドームを着けていても気持ちいいセックスができます。なので、コンドームを着けようとしない男には「着けてくれないならセックスしない」とはっきり言い、それでも嫌がるなら、どんな空気になろうが潔くその場を立ち去りましょう。

コンドームを着けたくないという男性には、きっぱりと
「着けてくれないならしない」と宣言しましょう。

Q20

久しぶりのセックスで
気をつけることは？

A 心身をリラックスさせること、
挿入後の 10 秒ルールが大切

　しばらくセックスをしていなかった女性は、挿入したときに痛みを感じたり、セックスのあとに性交痛を訴えたりすることも少なくありません。これを防ぐためには、男性側ができるかぎり相手のリアクションを観察し、心のコネクトをすることです。

　十分な愛撫、女性の緊張とカラダをよくほぐす、アソコが濡れているかをチェック。挿入したあと、少しでも女性が痛がったら、無理に続けずに動きをストップ。その状態で「腟を締めたりゆるめたりして」と女性に伝えて腟のストレッチ。女性側は深呼吸をして、力の入っている脚の力を抜く。それから挿入を続けましょう。顔の見える正常位がオススメです。

　挿入したらすぐにピストンを行わず、10秒ほど静止するのもポイント。こうすることで、腟がペニスの形を覚えようとします。女性の

性交痛予防とともに気持ち良さも増します。相手のリアクションを見
て、ストロークは短く、動きは小さく、徐々に動いていきましょう。

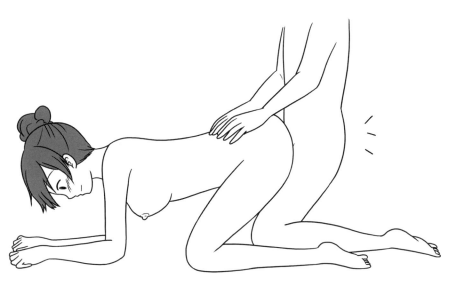

挿入したら、すぐには動かず10秒ほど静止。このルールを守るだけで、性
交痛を予防でき、セックスの気持ち良さもアップします。

しみけん

1979年、千葉県生まれ。
男優歴23年、出演本数1万本、
経験人数1万人を超えるトップAV男優で、性の求道者。

趣味は筋トレ、クイズ、ダンス、食べ歩き。
ボディビル大会の入賞歴があり、BSスカパー「地下クイズ王決定戦」(BAZOOKA!!!)では
第4回、第5回で地下クイズ王に輝く。
著書に『AV男優しみけん 光輝くクズでありたい』(扶桑社)、
『SHIMIKEN'S BEST SEX　最高のセックス集中講義』(イースト・プレス)
『しみけん式「超」SEXメソッド 本物とはつねにシンプルである』(笠倉出版社)など多数。

Twitter：@avshimiken
Instagram：@avshimiken
公式ブログ：ameblo.jp/avshimiken

人生最高のセックスに出会いたい貴女へ
しみけんが教える56のルール

発 行 日	2020年4月12日
著　　者	しみけん
カバーイラスト	白根ゆたんぽ
カバーデザイン	松田満（RAWSUPPLY）
図解イラスト	はむきち
発 行 人	笠倉伸夫
発 行 所	株式会社笠倉出版社
	〒110-8625　東京都台東区東上野2丁目8番地7号 笠倉ビル
	営業・広告　0120-984-164
編　　集	有限会社スタジオエクレア
印刷・製本	株式会社光邦

ISBN 978-4-7730-8948-6